BIBLIO COLLÈGE

La Vénus d'Ille

Mérimée

TEXTE INTÉGRAL

Dossiers
Claudine Grossir
Maître de conférences

Questionnaires et dossiers
Isabelle de Lisle
Agrégée de Lettres modernes

Annotation du texte
Dominique Fleur-Schulthess
Agrégée de Lettres modernes, professeur en collège
et **Claudine Zenou-Grinstein**
Agrégée de Lettres classiques, professeur en collège

hachette

Sommaire

DÉCOUVRE PROSPER MÉRIMÉE ET LE XIXe SIÈCLE

LE TEXTE ET LES QUESTIONNAIRES

www.parascolaire.hachette-education.com
ISBN : 978-2-01-722000-8

DOSSIER BIBLIOCOLLÈGE

GROUPEMENT DE TEXTES

Réalité ou illusion ?

Scène de la vie parisienne au XIXe siècle

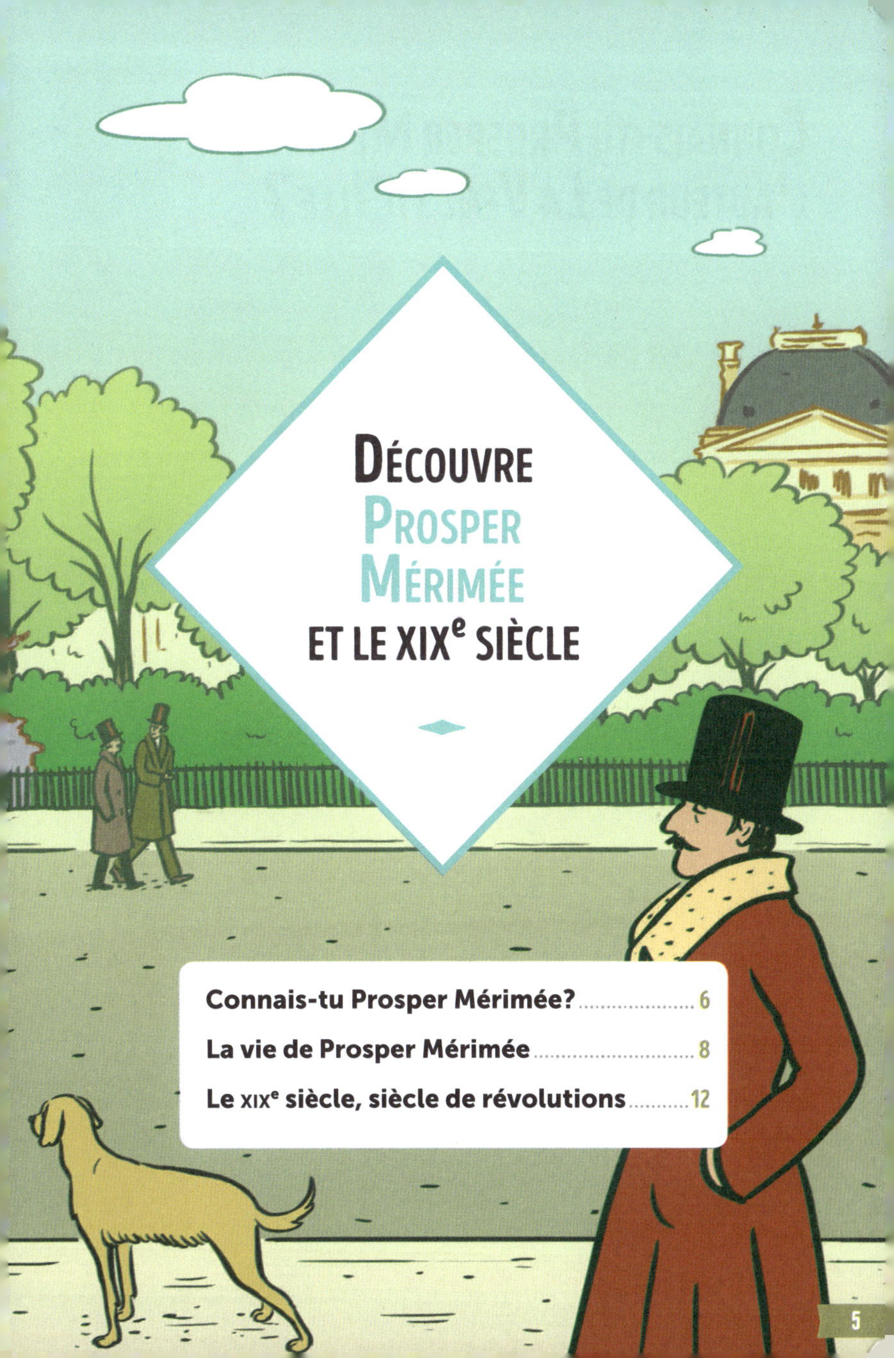

Découvre Prosper Mérimée et le XIXe siècle

Connais-tu Prosper Mérimée, l'auteur de *La Vénus d'Ille* ?

Auteur dramatique, nouvelliste et traducteur, Prosper Mérimée s'est toujours voulu indépendant du courant romantique comme du mouvement réaliste.

Nommé inspecteur général des Monuments historiques en 1834, Prosper Mérimée nourrit sa nouvelle *La Vénus d'Ille* (publiée en 1837) de ses **connaissances archéologiques.**

Ami du romancier **Stendhal,** du poète **Alfred de Musset,** du peintre **Eugène Delacroix,** Prosper Mérimée fréquente aussi le salon de **Victor Hugo,** chef de file du romantisme.

D'abord très lié aux **milieux libéraux,** hostiles à la monarchie, Prosper Mérimée devient ensuite un familier de la **cour impériale** de Napoléon III.

La vie de Prosper Mérimée

Prosper Mérimée est un auteur du début du XIXe siècle qui a mené avec succès une double carrière d'inspecteur général des Monuments historiques et d'écrivain.

Jeunesse

Identité : Prosper Mérimée
Naissance : 28 septembre 1803, à Paris
Décès : 23 septembre 1870 (à presque 67 ans), à Cannes.
Genres pratiqués : nouvelle, essai, théâtre, roman, poésie

Prosper Mérimée naît à Paris, le 28 septembre 1803. Son père, Léonor Mérimée, est peintre et secrétaire de l'École des beaux-arts. Sa mère, plus jeune de vingt ans, est une descendante de Marie Leprince de Beaumont, l'auteur de *La Belle et la Bête*. Après ses études secondaires, Prosper Mérimée suit des cours à la faculté de droit, mais ses goûts l'orientent rapidement vers la littérature.

L'âge adulte

Le goût pour l'histoire

Fréquentant régulièrement les cercles politiques libéraux, hostiles au régime monarchique en place, Mérimée devient, dès sa création en 1824, l'un des nombreux rédacteurs de leur journal, *Le Globe*, dont les colonnes accueillent des historiens comme Adolphe Thiers ou François Guizot, qui communiquent leur passion au tout jeune écrivain.

Devise
Sur sa bague, Prosper Mérimée avait fait graver la devise de sa mère : *« Souviens-toi de te méfier. »*

Mérimée s'essaie à différents genres

En 1825, Mérimée suscite la curiosité en publiant une première œuvre dont il prétend n'être que le traducteur et l'éditeur : *Le Théâtre de Clara Gazul*. Il s'agit d'un pamphlet contre la politique en Espagne, où les libéraux tentaient de s'emparer du pouvoir.

Vient ensuite un recueil de poèmes, *La Guzla* (1827), également publié sous un faux nom.

Ce n'est que dans les œuvres suivantes – *La Jacquerie* (scènes historiques parues en 1828), son unique roman *Chronique du règne de Charles IX* (1829) ou l'une de ses premières nouvelles, *Le Vase étrusque* (1830) – que l'inspiration historique, et – déjà – archéologique, domine. Avec cette dernière œuvre, Mérimée a trouvé le genre littéraire qui lui convient, dans sa précision et sa brièveté.

> ***Le Théâtre de Clara Gazul***
> Ce recueil de pièces en prose témoigne du goût de Mérimée pour la mystification, l'ironie et la liberté critique. En effet, l'œuvre n'est pas publiée sous son nom, mais sous celui d'une comédienne espagnole fictive, Clara Gazul, ce qui lui permet aussi d'échapper aux feux de la censure.

Une double carrière d'inspecteur général des Monuments historiques très actif…

La révolution de 1830 porte les libéraux au pouvoir. Partageant leurs idées, Prosper Mérimée exerce divers emplois dans les ministères durant les premières années de la monarchie de Juillet, avant d'être nommé, en 1834, inspecteur général des Monuments historiques, poste qu'il occupe jusqu'à la révolution de 1848.

Prenant ses fonctions très au sérieux, Prosper Mérimée entame une série de tournées dans différentes régions de France : dans le Midi dès 1834, dans l'Ouest en 1836, en Auvergne en 1837 et en Corse en 1839. Il y recense les œuvres d'art et les monuments dignes d'être conservés et restaurés, et acquiert ainsi, peu à peu, de solides connaissances archéologiques.

… et de nouvelliste réputé

Parallèlement à ces fonctions, Prosper Mérimée continue à consacrer une partie de son temps à l'écriture de récits de fiction. Ses nouvelles se nourrissent souvent de ses voyages.

Colomba, écrite en 1840, fait suite à son séjour en Corse, au cours duquel Mérimée a recueilli son récit de la bouche d'une vieille femme.

Une amitié durable mais…

L'écrivain Stendhal, avec qui Mérimée entretint une amitié forte mais orageuse, le décrivit d'abord comme un *« pauvre jeune homme laid aux petits yeux méchants, à l'allure effrontée et déplaisante »* !

Carmen, publiée en 1845, mélange également plusieurs sources issues des deux voyages de l'auteur en Espagne, en 1830 et en 1840 : un récit de la comtesse de Montijo, mère de la future impératrice des Français, Eugénie ; des souvenirs d'échanges avec ses guides lors de la traversée de l'Andalousie ; et ses propres observations.

La reconnaissance officielle

D'abord élu à l'Académie des inscriptions et belles-lettres en 1843, Mérimée l'est l'année suivante à l'Académie française, où il est reçu en février 1845, en même temps que le critique Sainte-Beuve.

Les sources d'inspiration de *La Vénus d'Ille*

L'histoire de *La Vénus d'Ille* est inspirée à la fois d'une ancienne légende et des voyages de Mérimée dans les Pyrénées au cours de l'été 1834.

Ces honneurs, qui récompensent sa carrière littéraire, s'ajoutent aux distinctions qui lui sont remises par les différents régimes politiques sous lesquels il assure des fonctions administratives : nommé, dès 1831, chevalier de la Légion d'honneur par le roi Louis-Philippe, Mérimée devient sénateur en 1853, ce qui officialise ses relations étroites avec la cour de Napoléon III. Lors de son premier voyage en Espagne, il a, en effet, connu celle qui deviendra l'épouse de l'empereur, Eugénie de Montijo, alors qu'elle n'était encore qu'une enfant.

Littérature d'imagination et traduction

Après la révolution de 1848, qui a mis fin à ses fonctions d'inspecteur général des Monuments historiques, Prosper Mérimée n'écrit plus beaucoup de nouvelles : *La Chambre bleue* (1866) et *Lokis* (1869) ne seront publiées qu'après sa mort.

Prosper Mérimée reprend ses travaux historiques et découvre la littérature russe pour laquelle il se passionne. Il apprend le russe et traduit les auteurs qu'il affectionne : Pouchkine *(La Dame de pique)*, Tourgueniev, qu'il rencontre lors de ses fréquents séjours en France et dont il devient un ami proche.

La publication en revues

Les premières nouvelles de Mérimée – *Mateo Falcone*, *Tamango* (1829); *Le Vase étrusque*, *La Partie de trictrac* (1830) – ont paru dans *La Revue de Paris*. À partir de 1834, *La Revue des Deux Mondes* accueille ses œuvres, que ce soit ses *Notes de voyage* ou ses nouvelles : *La Vénus d'Ille* (1837), *Les Âmes du purgatoire* (1841), *Colomba* (1840), *Carmen* (1845).

Une aide malheureuse

En 1852, Mérimée fait quinze jours de prison pour avoir défendu à tort le comte Guillaume Libri, inspecteur général des Bibliothèques, reconnu coupable d'avoir dérobé des pièces d'archives de grande valeur.

FIN DE VIE

Sa santé déclinant, Prosper Mérimée passe, depuis plusieurs années, les hivers à Cannes. C'est dans cette ville qu'il s'éteint, le 23 septembre 1870, trois semaines après la capitulation de Sedan et la chute du Second Empire.

LE XIXe SIÈCLE, SIÈCLE DE RÉVOLUTIONS

1815-1830 : MONARCHIE

1 Après la défaite de Waterloo et la chute de Napoléon Ier, la monarchie est restaurée : l'autorité de **Louis XVIII** puis de **Charles X** est limitée par une charte et une Assemblée élue.
En 1830, Charles X dissout l'Assemblée et supprime la liberté de la presse.
Le peuple de Paris se soulève lors des **Trois Glorieuses** (29, 30 et 31 juillet).

1830-1848 : MONARCHIE

2 **Louis-Philippe** succède à Charles X. Sous son règne débute la révolution industrielle : mines, textile, transports sont en plein essor. Une nouvelle classe sociale naît : les ouvriers. La classe ouvrière est très réceptive aux idées socialistes, qui prônent le partage des richesses et l'égalité politique. La **révolution de 1848,** qui éclate à la suite de difficultés économiques, fait écho à ces changements sociaux.

UNE HISTOIRE POLITIQUE MOUVEMENTÉE

1848-1851 : IIe RÉPUBLIQUE

3 La IIe République permet la **conquête de nouveaux droits :** suffrage universel (pour les hommes), droit au travail, liberté de la presse, abolition de l'esclavage.
Mais ces **libertés** sont **menacées par la nouvelle Constitution.**

1852-1870 : SECOND EMPIRE

4 Élu président pour quatre ans en décembre 1848, Louis Napoléon Bonaparte, neveu de Napoléon Ier, devient président à vie lors du **coup d'État** du 2 décembre 1851, puis empereur l'année suivante. Les premières années du Second Empire sont économiquement prospères.
Mais la **défaite de Sedan** contre la Prusse, en 1870, met fin à l'Empire.

REPENSER L'HISTOIRE DE FRANCE

1 Après la Révolution française, la nécessité de repenser l'histoire de France s'impose. À la longue suite de règnes, glorifiant les hauts faits d'armes, succède une **histoire des Français,** devenus les acteurs principaux de la marche de l'histoire, tournée vers le progrès.

VERS UNE SOCIÉTÉ LIBÉRALE

2 La jeune génération d'historiens, parmi lesquels Adolphe Thiers, François Guizot, Ludovic Vitet, défend, dans les colonnes du journal *Le Globe*, fondé en 1824, la nouvelle histoire et les principes d'une société libérale, capable de **continuer l'œuvre de la Révolution.**

LE SIÈCLE DES HISTORIENS

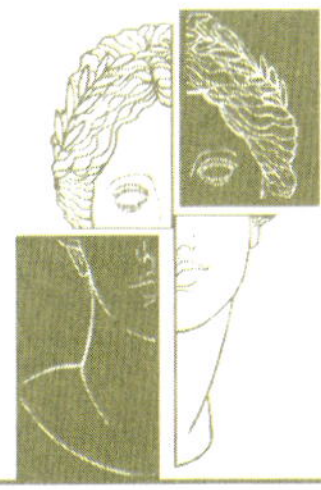

L'ARCHÉOLOGIE

3 L'archéologie connaît un grand essor au début du XIXe siècle. La découverte de la signification des hiéroglyphes, grâce à la **pierre de Rosette,** par Champollion, en 1822, l'intérêt suscité par les ruines antiques à l'occasion de la guerre d'Indépendance grecque (1825) ouvrent de nouvelles perspectives à la compréhension des **civilisations disparues.**

L'ESSOR DES MUSÉES

4 Pour mettre ce patrimoine historique et archéologique à la disposition de tous, s'ouvrent de nombreux musées, comme celui du **Louvre,** créé en 1793, sous la Révolution.

LE TEMPS DES SALONS

1 Au début du XIXe siècle, les artistes se réunissent en **salons ou cénacles :** le groupe romantique se retrouve à l'Arsenal, entre 1824 et 1834, chez Charles Nodier, l'un des premiers nouvellistes fantastiques, ou chez Victor Hugo.

LE TEMPS DES REVUES

2 Les revues, comme *La Revue des Deux Mondes*, dans lesquelles se côtoient écrivains, poètes, historiens, philosophes et économistes, permettent à de jeunes artistes de se faire connaître et illustrent la **vitalité des débats et de la création artistique.**

UNE VIE LITTÉRAIRE TRÈS ANIMÉE

DÎNERS ENTRE AMIS

3 Des amitiés personnelles se nouent fréquemment entre artistes, scientifiques et hommes politiques qui **partagent les mêmes goûts et fréquentent les mêmes lieux :** cafés, dîners, dont certains, comme les dîners Bixio ou Magny, sous le Second Empire, sont restés célèbres.

LES ACADÉMIES

4 Les institutions culturelles comme les académies (Académie française, Académie des sciences, Académie des beaux-arts, etc.), dont les membres sont élus par leurs pairs, **consacrent les hommes** dont l'œuvre est jugée **illustre.**

L'ART SANS FRONTIÈRES

EN ALLEMAGNE ET EN ANGLETERRE

1 Au XIXe siècle, **l'art et la littérature franchissent les frontières :** les premiers romantiques sont allemands (Goethe) ou anglais (Byron) ; le roman historique naît sous la plume de l'Écossais Walter Scott, la nouvelle fantastique sous celle de l'Allemand Hoffmann.

L'ESSOR DES TRADUCTIONS

2 La littérature circule aisément d'un pays à l'autre grâce à la traduction. Beaucoup d'écrivains cherchent à **faire connaître les œuvres qu'ils admirent :** Nerval traduit de l'allemand *Faust* de Goethe, Mérimée traduit du russe le poète Pouchkine et l'écrivain Gogol, Baudelaire les *Nouvelles extraordinaires* de l'Américain Poe.

DES VOYAGES QUI FORMENT L'ESPRIT

3 Les voyages constituent aussi, pour les écrivains et les peintres, une expérience formatrice qui les met au contact d'anciennes civilisations (Grèce, Égypte) ou **aiguise leur esprit critique** face aux réalités de leur propre pays (l'Orient, l'Espagne, l'Italie).

DES ARTISTES AUX MULTIPLES TALENTS

4 Les artistes exercent souvent leur talent **dans différents domaines.** Les *Mémoires* du musicien Hector Berlioz et la *Correspondance* du peintre Eugène Delacroix témoignent du **rôle majeur de l'écriture** dans leur œuvre. Prosper Mérimée, le poète Alfred de Musset et la romancière George Sand, quant à eux, pratiquent couramment le dessin et la caricature.

La nuit de son arrivée à Ille, le narrateur aperçoit deux polissons qui s'en prennent à la Vénus.

La Vénus d'Ille

Mérimée

LES PRINCIPAUX PERSONNAGES DE *LA VÉNUS D'ILLE*

LA VÉNUS
Statue romaine en bronze considérée par certains comme maléfique.

LE NARRATEUR
Homme posé, spécialiste de l'Antiquité, en visite chez Monsieur de Peyrehorade.

MONSIEUR DE PEYREHORADE
Riche propriétaire passionné par l'Antiquité et enthousiasmé par la découverte de la statue.

ALPHONSE DE PEYREHORADE
Fils unique des Peyrehorade, jeune dandy célébrant son mariage.

MADAME DE PEYREHORADE
Épouse de Monsieur de Peyrehorade, maîtresse de maison accueillante et peu cultivée.

MADEMOISELLE DE PUYGARRIG
Riche jeune fille des environs d'Ille, fiancée puis épouse d'Alphonse.

L'ARAGONAIS
Joueur de paume vaincu et humilié par Alphonse.

LE GUIDE
Habitant d'Ille qui accompagne le narrateur dans la région.

Pour en savoir plus sur les personnages de *La Vénus d'Ille*, consulte les pages 78 à 81.

LA VÉNUS D'ILLE

Ἰλεὼς ἦν δ᾽ ἐγὼ, ἔστω ὁ ἀνδρίας
κα᾽ι ἤπιός, οὕτως ἀνδρεῖος ὤν.
ΛΟΥΚΙΑΝΟΥ ΦΙΛΟΨΕΥΔΗΣ[1].

Je descendais le dernier coteau du Canigou[2], et, bien que le soleil fût déjà couché, je distinguais dans la plaine les maisons de la petite ville d'Ille[3], vers laquelle je me dirigeais.

« Vous savez, dis-je au Catalan[4] qui me servait de guide depuis la veille, vous savez sans doute où demeure M. de Peyrehorade[5] ?

– Si je le sais ! s'écria-t-il, je connais sa maison comme la mienne ; et s'il ne faisait pas si noir, je vous la montrerais. C'est la plus belle d'Ille. Il a de l'argent, oui, M. de Peyrehorade ; et il marie son fils à plus riche que lui encore.

– Et ce mariage se fera-t-il bientôt ? lui demandai-je.

– Bientôt ! il se peut que déjà les violons soient commandés pour la noce. Ce soir, peut-être, demain, après-demain, que sais-je ! C'est à Puygarrig[6] que ça se fera ; car c'est mademoiselle de Puygarrig que monsieur le fils épouse. Ce sera beau, oui ! »

NOTES

1. **Citation extraite d'une comédie de Lucien (125-192 apr. J.-C.), *Philopseudès* (L'homme qui aime les mensonges) :** « Que cette statue, disais-je, soit propice et bienveillante, elle qui est à ce point humaine ! »
2. **Canigou :** sommet des Pyrénées-Orientales (2 785 m), au sud-ouest de Perpignan.
3. **Ille :** aujourd'hui Ille-sur-Têt, petite commune de l'arrondissement de Prades.
4. **Catalan :** habitant de la Catalogne, région située de part et d'autre de la frontière franco-espagnole.
5. **Peyrehorade :** petite commune de l'arrondissement de Dax, dans le département des Landes.
6. **Puygarrig :** ce nom fait penser à celui de l'archéologue M. Puigarri, avec qui Mérimée avait eu des divergences.

J'étais recommandé à M. de Peyrehorade par mon ami M. de P. C'était, m'avait-il dit, un antiquaire[1] fort instruit et d'une complaisance à toute épreuve. Il se ferait un plaisir de me montrer toutes les ruines à dix lieues[2] à la ronde. Or je comptais sur lui pour visiter les environs d'Ille, que je savais riches en monuments antiques et du Moyen Âge. Ce mariage, dont on me parlait alors pour la première fois, dérangeait tous mes plans.

Je vais être un trouble-fête, me dis-je. Mais j'étais attendu ; annoncé par M. de P., il fallait bien me présenter.

« Gageons[3], monsieur, me dit mon guide, comme nous étions déjà dans la plaine, gageons un cigare que je devine ce que vous allez faire chez M. de Peyrehorade ?

– Mais, répondis-je en lui tendant un cigare, cela n'est pas bien difficile à deviner. À l'heure qu'il est, quand on a fait six lieues dans le Canigou, la grande affaire, c'est de souper.

– Oui, mais demain ?... Tenez, je parierais que vous venez à Ille pour voir l'idole[4] ? j'ai deviné cela à vous voir tirer en portrait[5] les saints de Serrabona[6].

– L'idole ! quelle idole ? » Ce mot avait excité ma curiosité.

« Comment ! on ne vous a pas conté, à Perpignan[7], comment M. de Peyrehorade avait trouvé une idole en terre ?

– Vous voulez dire une statue en terre cuite, en argile ?

– Non pas. Oui, bien en cuivre, et il y en a de quoi faire des gros sous. Elle vous pèse autant qu'une cloche d'église. C'est bien avant dans la terre, au pied d'un olivier, que nous l'avons eue.

– Vous étiez donc présent à la découverte ?

NOTES

1. antiquaire : celui qui s'applique à l'étude de l'Antiquité.
2. lieue : ancienne mesure de distance (4 km environ).
3. Gageons : parions.
4. idole : représentation d'une divinité païenne, non chrétienne.
5. tirer en portrait : en faire le portrait, les dessiner.
6. Serrabona : prieuré roman des Pyrénées-Orientales (XIe siècle) que Mérimée a pu visiter lors de sa tournée dans le Roussillon en 1834.
7. Perpignan : préfecture des Pyrénées-Orientales.

– Oui, monsieur. M. de Peyrehorade nous dit, il y a quinze jours, à Jean Coll et à moi, de déraciner un vieil olivier qui était gelé de l'année dernière, car elle a été bien mauvaise, comme vous savez. Voilà donc qu'en travaillant, Jean Coll, qui y allait de tout cœur, il donne un coup de pioche, et j'entends bimm… comme s'il avait tapé sur une cloche. Qu'est-ce que c'est ? que je dis. Nous piochons toujours, nous piochons, et voilà qu'il paraît une main noire, qui semblait la main d'un mort qui sortait de terre. Moi, la peur me prend. Je m'en vais à monsieur, et je lui dis : – Des morts, notre maître, qui sont sous l'olivier ! Faut appeler le curé. – Quels morts ? qu'il me dit. Il vient, et il n'a pas plutôt vu la main qu'il s'écrie : – Un antique[1] ! un antique ! – Vous auriez cru qu'il avait trouvé un trésor. Et le voilà, avec la pioche, avec les mains, qui se démène et qui faisait quasiment autant d'ouvrage que nous deux.

– Et enfin que trouvâtes-vous ?

– Une grande femme noire plus qu'à moitié nue, révérence parler[2], monsieur, toute en cuivre, et M. de Peyrehorade nous a dit que c'était une idole du temps des païens[3]… du temps de Charlemagne, quoi !

– Je vois ce que c'est… Quelque bonne Vierge en bronze[4] d'un couvent détruit.

– Une bonne Vierge ! ah bien oui !… Je l'aurais bien reconnue, si ç'avait été une bonne Vierge. C'est une idole, vous dis-je ; on le voit bien à son air. Elle vous fixe avec ses grands yeux blancs… On dirait qu'elle vous dévisage. On baisse les yeux, oui, en la regardant.

NOTES

1. antique : un antique ou une antique, objet qui date de l'Antiquité.
2. révérence parler : formule d'excuse populaire qui équivaut à « sauf votre respect ».
3. païens : ceux qui croient en plusieurs dieux (polythéistes). Ici surtout par opposition aux chrétiens.
4. bronze : alliage de cuivre et d'étain.

– Des yeux blancs ? Sans doute ils sont incrustés dans le bronze. Ce sera peut-être quelque statue romaine.

– Romaine ! c'est cela. M. de Peyrehorade dit que c'est une Romaine. Ah ! je vois bien que vous êtes un savant comme lui.

– Est-elle entière, bien conservée ?

– Oh ! monsieur, il ne lui manque rien. C'est encore plus beau et mieux fini que le buste de Louis-Philippe[1], qui est à la mairie, en plâtre peint. Mais avec tout cela, la figure de cette idole ne me revient pas. Elle a l'air méchante… et elle l'est aussi.

– Méchante ! Quelle méchanceté vous a-t-elle faite ?

– Pas à moi précisément ; mais vous allez voir. Nous nous étions mis à quatre pattes pour la dresser debout, et M. de Peyrehorade, qui lui aussi tirait à la corde, bien qu'il n'ait guère plus de force qu'un poulet, le digne homme ! Avec bien de la peine nous la mettons droite. J'amassais un tuileau[2] pour la caler, quand, patatras ! la voilà qui tombe à la renverse tout d'une masse. Je dis : Gare dessous ! Pas assez vite pourtant, car Jean Coll n'a pas eu le temps de tirer sa jambe…

– Et il a été blessé ?

– Cassée net comme un échalas[3], sa pauvre jambe ! Pécaïre[4] ! quand j'ai vu cela, moi, j'étais furieux. Je voulais défoncer l'idole à coups de pioche, mais M. de Peyrehorade m'a retenu. Il a donné de l'argent à Jean Coll, qui tout de même est encore au lit depuis quinze jours que cela lui est arrivé, et le médecin dit qu'il ne marchera jamais de cette jambe-là comme de l'autre. C'est dommage, lui qui était notre meilleur coureur et, après monsieur le fils, le plus malin joueur de paume[5]. C'est que M. Alphonse de

NOTES

1. **Louis-Philippe :** roi des Français de 1830 à 1848. L'action de la nouvelle se passe donc sous son règne.
2. **tuileau :** morceau de tuile.
3. **échalas :** piquet fiché en terre pour soutenir un cep de vigne ou un jeune arbre.
4. **Pécaïre :** expression méridionale (*cf.* « peuchère ! ») pour signifier la plainte ou l'attendrissement.
5. Le jeu de paume est un jeu de balle, ancêtre du tennis qui se joua d'abord avec la paume de la main puis avec une raquette.

Peyrehorade en a été triste, car c'est Coll qui faisait sa partie. Voilà qui était beau à voir comme ils se renvoyaient les balles. Paf ! paf ! Jamais elles ne touchaient terre. »

Vue du pic du mont Canigou et de l'Ille-sur-Têt.
Photographie prise dans le département des Pyrénées-Orientales.

AS-TU BIEN LU ?

Questions sur les pages 19 à 23

AS-TU BIEN COMPRIS ?

1 Dans quelle zone montagneuse française l'action se déroule-t-elle ?

❏ le Massif central ❏ les Pyrénées ❏ les Alpes

2 À quel moment de la journée se passe l'action ? Justifie ta réponse avec une citation.

3 Pourquoi le narrateur effectue-t-il un voyage dans cette région ? Explique ta réponse.

4 Quelles sont les deux premières informations données au narrateur par son guide au sujet de M. de Peyrehorade ?

5 Vrai ou faux ? M. de Peyrehorade est un vendeur d'objets anciens.

6 La statue découverte sur la propriété de M. de Peyrehorade est :

❏ en terre cuite. ❏ en marbre. ❏ en bronze.

7 Qui a trouvé la statue ? Dans quelles circonstances ? Que lui est-il arrivé ensuite ?

8 Qu'apprend-on par le guide et par le narrateur sur la statue ? Partagent-ils le même point de vue ?

9 Qui est Alphonse de Peyrehorade ? Qu'apprend-on à son sujet ?

ÉTUDIE L'*INCIPIT*

Les fonctions et les formes de l'*incipit*

- L'*incipit* (« il commence » en latin) désigne les premières pages d'un récit. On attend de lui qu'il délivre les informations nécessaires à la compréhension de l'histoire et qu'il accroche le lecteur.
- L'*incipit* peut commencer par une description des lieux, un portrait des personnages, une analyse du contexte. Il peut aussi entrer directement dans le vif de l'action ; on parle alors d'*incipit in media res* (« au milieu des choses »).

10. Comment l'*incipit* de la nouvelle remplit-il sa fonction informative ? À ton avis, de quelle sorte d'*incipit* s'agit-il ?

11. Que représente la statue pour le guide, pour M. de Peyrehorade et pour le narrateur ? Quel personnage, à ce sujet, te semble le plus digne de confiance ? Pourquoi ?

12. Sur quels éléments repose l'**illusion réaliste** dans cet *incipit* ?

13. Quel éclairage sur le texte la citation grecque page 19 apporte-t-elle ?

illusion réaliste : illusion que l'histoire racontée est vraie.

ÉTUDIE LA LANGUE

14. **Grammaire.** Page 19, lignes 1 à 5, relève les **propositions subordonnées.** Indique leur nature et leur fonction.

Les propositions subordonnées

- La proposition subordonnée **relative** est le plus souvent complément du nom (de l'antécédent).
- La proposition subordonnée **conjonctive** peut avoir toutes les fonctions d'un groupe nominal.
- La proposition subordonnée **interrogative indirecte** est en général COD du verbe de la proposition principale.

15. **Grammaire.** Page 21, lignes 49 à 52, relève les déterminants en indiquant le nom auquel ils se rapportent et en précisant leur classe grammaticale.

16. **Lexique.** Page 21, lignes 49 à 52 : à quel niveau de langue appartient ce passage ? Réécris-le en utilisant un niveau courant.

À TOI DE JOUER

Imagine qu'avant de venir chez M. de Peyrehorade, le narrateur ait eu l'occasion de lire dans un journal local le récit de la découverte d'une statue. L'article attise sa curiosité et il interroge le guide qui l'accompagne. Écris un nouvel *incipit* au récit en prenant en compte cet élément.

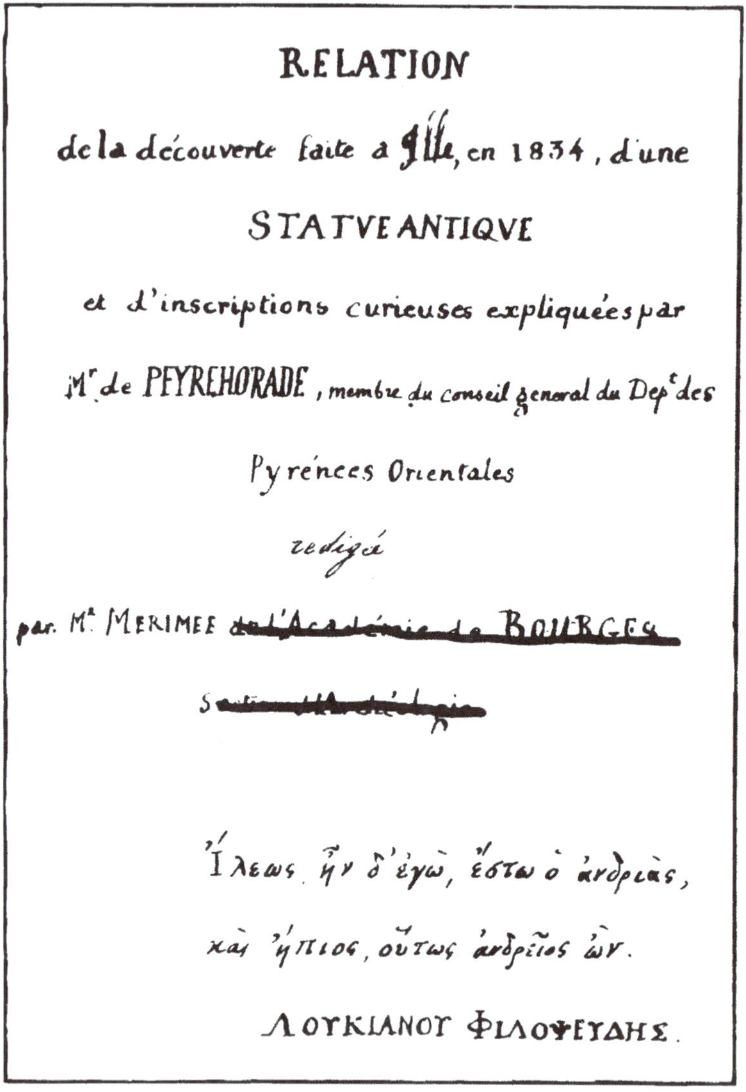

RELATION

de la découverte faite à Ille, en 1834, d'une

STATVE ANTIQVE

et d'inscriptions curieuses expliquées par

Mr de PEYREHORADE, membre du conseil general du Dépt des

Pyrénées Orientales

redigée

par. Mr MERIMEE ~~de l'Académie de BOURGES~~

~~[illegible]~~

Ἵλεως, ἦν δ' ἐγώ, ἔστω ὁ ἀνδριάς,

καὶ ἤπιος, οὕτως ἀνδρεῖος ὤν.

ΛΟΥΚΙΑΝΟΥ ΦΙΛΟΨΕΥΔΗΣ.

Page de titre de l'édition originale.

Devisant de la sorte, nous entrâmes à Ille, et je me trouvai bientôt en présence de M. de Peyrehorade. C'était un petit vieillard vert[1] encore et dispos[2], poudré, le nez rouge, l'air jovial[3] et goguenard[4]. Avant d'avoir ouvert la lettre de M. de P., il m'avait installé devant une table bien servie, et m'avait présenté à sa femme et à son fils comme un archéologue[5] illustre, qui devait tirer le Roussillon[6] de l'oubli où le laissait l'indifférence des savants.

Tout en mangeant de bon appétit, car rien ne dispose mieux que l'air vif des montagnes, j'examinais mes hôtes. J'ai dit un mot de M. de Peyrehorade ; je dois ajouter que c'était la vivacité même. Il parlait, mangeait, se levait, courait à sa bibliothèque, m'apportait des livres, me montrait des estampes[7], me versait à boire ; il n'était jamais deux minutes en repos. Sa femme, un peu trop grasse, comme la plupart des Catalanes lorsqu'elles ont passé quarante ans, me parut une provinciale renforcée, uniquement occupée des soins de son ménage. Bien que le souper fût suffisant pour six personnes au moins, elle courut à la cuisine, fit tuer des pigeons, frire des miliasses[8], ouvrit je ne sais combien de pots de confitures. En un instant la table fut encombrée de plats et de bouteilles, et je serais certainement mort d'indigestion si j'avais goûté seulement à tout ce qu'on m'offrait. Cependant, à chaque plat que je refusais, c'étaient de nouvelles excuses. On craignait que je me trouvasse bien mal à Ille. Dans la province on a si peu de ressources, et les Parisiens sont si difficiles !

NOTES

1. vert : plein de vigueur, de force et de santé.
2. dispos : en bonne condition.
3. jovial : naturellement gai et de bonne humeur (né sous le signe de Jupiter, *Jovis*).
4. goguenard : moqueur, narquois.
5. archéologue : spécialiste de l'étude des civilisations du passé et de leurs vestiges matériels.
6. Roussillon : province du sud-ouest de la France (Pyrénées-Orientales).
7. estampes : images imprimées.
8. miliasses : petits gâteaux de farine de maïs.

Au milieu des allées et venues de ses parents, M. Alphonse de Peyrehorade ne bougeait pas plus qu'un Terme[1]. C'était un grand jeune homme de vingt-six ans, d'une physionomie[2] belle et régulière, mais manquant d'expression. Sa taille et ses formes athlétiques justifiaient bien la réputation d'infatigable joueur de paume qu'on lui faisait dans le pays. Il était ce soir-là habillé avec élégance, exactement d'après la gravure du dernier numéro du *Journal des modes*. Mais il me semblait gêné dans ses vêtements ; il était raide comme un piquet dans son col de velours, et ne se tournait que tout d'une pièce. Ses mains grosses et hâlées[3], ses ongles courts contrastaient singulièrement avec son costume. C'étaient des mains de laboureur sortant des manches d'un dandy[4]. D'ailleurs, bien qu'il me considérât de la tête aux pieds fort curieusement, en ma qualité de Parisien, il ne m'adressa qu'une seule fois la parole dans toute la soirée, ce fut pour me demander où j'avais acheté la chaîne de ma montre.

« Ah çà ! mon cher hôte, me dit M. de Peyrehorade, le souper tirant à sa fin, vous m'appartenez, vous êtes chez moi. Je ne vous lâche plus, sinon quand vous aurez vu tout ce que nous avons de curieux dans nos montagnes. Il faut que vous appreniez à connaître notre Roussillon, et que vous lui rendiez justice. Vous ne vous doutez pas du tout de ce que nous allons vous montrer.

NOTES

1. **Terme :** le dieu Terme était, à Rome, le gardien des propriétés. Il veillait sur les bornes et vengeait les usurpations. Le dieu Terme n'était à l'origine qu'une pierre grossière carrée. Plus tard on lui donna forme humaine, mais la base resta pyramidale. Il était sans bras et sans pieds, en témoignage de son immobilité.

2. **physionomie :** apparence, expression du visage.

3. **hâlées :** légèrement bronzées.

4. **dandy :** au XIXe siècle, homme qui cherche à exprimer par sa mise un raffinement et un idéal esthétique. Par la suite, homme qui affecte une grande recherche dans sa toilette.

Monuments phéniciens[1], celtiques[2], romains, arabes, byzantins[3], vous verrez tout, depuis le cèdre jusqu'à l'hysope[4]. Je vous mènerai partout et ne vous ferai pas grâce d'une brique. »

Un accès de toux l'obligea de s'arrêter. J'en profitai pour lui dire que je serais désolé de le déranger dans une circonstance aussi intéressante[5] pour sa famille. S'il voulait bien me donner ses excellents conseils sur les excursions que j'aurais à faire, je pourrais, sans qu'il prît la peine de m'accompagner…

« Ah ! vous voulez parler du mariage de ce garçon-là, s'écria-t-il en m'interrompant. Bagatelle[6] ! ce sera fait après-demain. Vous ferez la noce avec nous, en famille, car la future est en deuil d'une tante dont elle hérite. Ainsi point de fête, point de bal… C'est dommage… vous auriez vu danser nos Catalanes… Elles sont jolies, et peut-être l'envie vous aurait-elle pris d'imiter mon Alphonse. Un mariage, dit-on, en amène d'autres… Samedi, les jeunes gens mariés, je suis libre, et nous nous mettons en course. Je vous demande pardon de vous donner l'ennui d'une noce de province. Pour un Parisien blasé[7] sur les fêtes… et une noce sans bal encore ! Pourtant, vous verrez une mariée… une mariée… vous m'en direz des nouvelles… Mais vous êtes un homme grave et vous ne regardez plus les femmes. J'ai mieux que cela à vous montrer. Je vous ferai voir quelque chose !… Je vous réserve une fière surprise pour demain.

NOTES

1. **phéniciens :** de Phénicie, ancienne région du Moyen-Orient, située entre la Méditerranée et le Liban.
2. **celtiques :** relatifs aux Celtes, peuple qui occupait une partie de la Gaule, de l'Espagne et de l'Italie.
3. **byzantins :** de Byzance, nom de la très ancienne ville grecque qui devint, au IVe siècle, Constantinople.
4. **depuis le cèdre jusqu'à l'hysope :** expression proverbiale de la Bible (*Livre des Rois*, 1, 4, 33), où sont opposés le grand arbre (cèdre) et la petite plante aromatique (hysope), et qui signifie du plus grand au plus petit.
5. **intéressante :** importante, préoccupante.
6. **bagatelle :** objet de peu de prix, sans importance.
7. **blasé :** dégoûté, rendu indifférent ou insensible par l'expérience ou la satiété.

– Mon Dieu ! lui dis-je, il est difficile d'avoir un trésor dans sa maison sans que le public en soit instruit. Je crois deviner la surprise que vous me préparez. Mais si c'est de votre statue qu'il s'agit, la description que mon guide m'en a faite n'a servi qu'à exciter ma curiosité et à me disposer à l'admiration.

– Ah ! il vous a parlé de l'idole, car c'est ainsi qu'ils appellent ma belle Vénus Tur... mais je ne veux rien vous dire. Demain, au grand jour, vous la verrez, et vous me direz si j'ai raison de la croire un chef-d'œuvre. Parbleu ! vous ne pouviez arriver plus à propos ! Il y a des inscriptions que moi, pauvre ignorant, j'explique à ma manière... mais un savant de Paris !... Vous vous moquerez peut-être de mon interprétation... car j'ai fait un mémoire[1]... moi qui vous parle... vieil antiquaire de province, je me suis lancé... Je veux faire gémir la presse[2]... Si vous vouliez bien me lire et me corriger, je pourrais espérer... Par exemple, je suis bien curieux de savoir comment vous traduirez cette inscription sur le socle : *CAVE*[3]. Mais je ne veux rien vous demander encore ! À demain, à demain ! Pas un mot sur la Vénus aujourd'hui !

– Tu as raison, Peyrehorade, dit sa femme, de laisser là ton idole. Tu devrais voir que tu empêches monsieur de manger. Va, monsieur a vu à Paris de bien plus belles statues que la tienne. Aux Tuileries[4], il y en a des douzaines, et en bronze aussi.

– Voilà bien l'ignorance, la sainte ignorance de la province ! interrompit M. de Peyrehorade. Comparer un antique admirable aux plates figures de Coustou[5] !

NOTES

1. un mémoire : compte-rendu sur un sujet d'érudition scientifique ou littéraire.
2. faire gémir la presse : métaphore qui signifie... imprimer !
3. *cave* : impératif latin signifiant « prends garde à... »
4. Tuileries : ancienne résidence royale, à Paris, dont le jardin se situe entre le Louvre et les Champs-élysées.
5. Coustou : sculpteur (1658-1733) dont certaines statues se trouvent aux Tuileries.

Comme avec irrévérence
Parle des dieux ma ménagère[1] !

Savez-vous que ma femme voulait que je fondisse ma statue pour en faire une cloche à notre église ? C'est qu'elle en eût été la marraine. Un chef-d'œuvre de Myron[2], monsieur !

– Chef-d'œuvre ! chef-d'œuvre ! un beau chef-d'œuvre qu'elle a fait ! casser la jambe d'un homme !

– Ma femme, vois-tu ? dit M. de Peyrehorade d'un ton résolu, et tendant vers elle sa jambe droite dans un bas de soie chinée, si ma Vénus m'avait cassé cette jambe-là, je ne la regretterais pas.

– Bon Dieu ! Peyrehorade, comment peux-tu dire cela ! Heureusement que l'homme va mieux… Et encore je ne peux pas prendre sur moi de regarder la statue qui fait des malheurs comme celui-là. Pauvre Jean Coll !

– Blessé par Vénus, monsieur, dit M. de Peyrehorade riant d'un gros rire, blessé par Vénus, le maraud se plaint.

Veneris nec praemia noris[3].

Qui n'a été blessé par Vénus ? »

M. Alphonse, qui comprenait le français mieux que le latin, cligna de l'œil d'un air d'intelligence, et me regarda comme pour me demander : Et vous, Parisien, comprenez-vous ?

Le souper finit. Il y avait une heure que je ne mangeais plus. J'étais fatigué, et je ne pouvais parvenir à cacher les fréquents bâillements qui m'échappaient. Madame de Peyrehorade s'en aperçut la première, et remarqua qu'il était temps d'aller dormir.

NOTES

1. *Comme avec irrévérence / Parle des dieux ma ménagère :* M. de Peyrehorade s'amuse à faire une variation sur une citation de Molière : « *Comme avec irrévérence/Parle des dieux ce maraud* » (*Amphitryon*, acte II, scène 2).

2. Myron : sculpteur grec du Ve siècle av. J.-C. à qui on attribue la célèbre statue du *Discobole*, visible aujourd'hui au Louvre.

3. *Veneris nec praemia noris :* « *Et les présents de Vénus, tu ne les connais pas* » (Virgile, *Énéide*, IV, 33 : il est question, dans ce chant, de l'amour malheureux de Didon, reine de Carthage, pour Énée, le fils de Vénus).

Alors commencèrent de nouvelles excuses sur le mauvais gîte que j'allais avoir. Je ne serais pas comme à Paris. En province on est si mal ! Il fallait de l'indulgence pour les Roussillonnais. J'avais beau protester qu'après une course dans les montagnes une botte de paille me serait un coucher délicieux, on me priait toujours de pardonner à de pauvres campagnards s'ils ne me traitaient pas aussi bien qu'ils l'eussent désiré. Je montai enfin à la chambre qui m'était destinée, accompagné de M. de Peyrehorade. L'escalier, dont les marches supérieures étaient en bois, aboutissait au milieu d'un corridor[1], sur lequel donnaient plusieurs chambres.

« À droite, me dit mon hôte, c'est l'appartement que je destine à la future madame Alphonse. Votre chambre est au bout du corridor opposé. Vous sentez bien, ajouta-t-il d'un air qu'il voulait rendre fin, vous sentez bien qu'il faut isoler de nouveaux mariés. Vous êtes à un bout de la maison, eux à l'autre. »

Nous entrâmes dans une chambre bien meublée, où le premier objet sur lequel je portai la vue fut un lit long de sept pieds[2], large de six, et si haut qu'il fallait un escabeau pour s'y guinder[3]. Mon hôte m'ayant indiqué la position de la sonnette, et s'étant assuré par lui-même que le sucrier était plein, les flacons d'eau de Cologne dûment placés sur la toilette, après m'avoir demandé plusieurs fois si rien ne me manquait, me souhaita une bonne nuit et me laissa seul.

Les fenêtres étaient fermées. Avant de me déshabiller, j'en ouvris une pour respirer l'air frais de la nuit, délicieux après un long souper. En face était le Canigou, d'un aspect admirable en tout temps, mais qui me parut ce soir-là la plus belle montagne du monde, éclairé qu'il était par une lune resplendissante. Je

NOTES

1. corridor : couloir distribuant plusieurs chambres d'un même étage.
2. un pied : ancienne mesure qui équivaut à 32 cm.
3. s'y guinder : s'y hisser (au moyen d'une grue !).

demeurai quelques minutes à contempler sa silhouette merveilleuse, et j'allais fermer ma fenêtre, lorsque, baissant les yeux, j'aperçus la statue sur un piédestal[1] à une vingtaine de toises[2] de la maison. Elle était placée à l'angle d'une haie vive qui séparait un petit jardin d'un vaste carré parfaitement uni, qui, je l'appris plus tard, était le jeu de paume de la ville. Ce terrain, propriété de M. de Peyrehorade, avait été cédé par lui à la commune, sur les pressantes sollicitations[3] de son fils. À la distance où j'étais, il m'était difficile de distinguer l'attitude de la statue ; je ne pouvais juger que de sa hauteur, qui me parut de six pieds environ. En ce moment, deux polissons[4] de la ville passaient sur le jeu de paume, assez près de la haie, sifflant le joli air du Roussillon : *Montagnes régalades*[5]. Ils s'arrêtèrent pour regarder la statue ; un d'eux l'apostropha même à haute voix. Il parlait catalan ; mais j'étais dans le Roussillon depuis assez longtemps pour pouvoir comprendre à peu près ce qu'il disait.

« Te voilà donc, coquine ! (Le terme catalan était plus énergique.) Te voilà ! disait-il. C'est donc toi qui as cassé la jambe à Jean Coll ! Si tu étais à moi, je te casserais le cou.

– Bah ! avec quoi ? dit l'autre. Elle est de cuivre, et si dure qu'Étienne a cassé sa lime dessus, essayant de l'entamer[6]. C'est du cuivre du temps des païens ; c'est plus dur que je ne sais quoi.

– Si j'avais mon ciseau à froid[7] (il paraît que c'était un apprenti serrurier), je lui ferais bientôt sauter ses grands yeux

NOTES

1. **piédestal :** support élevé formant le socle d'une statue.
2. **une toise :** ancienne mesure qui équivaut à 2 m environ.
3. **sollicitations :** demandes.
4. **polissons :** enfants dissipés, garnements.
5. ***Montagnes régalades* :** air du Roussillon qui peut se traduire par *Montagnes royales* ou *Montagnes ruisselantes*.
6. **l'entamer :** lui faire une incision, une coupure.
7. **ciseau à froid :** outil plat servant à couper les métaux sans avoir à les chauffer à la forge.

blancs, comme je tirerais une amande de sa coquille. Il y a pour plus de cent sous d'argent. »

Ils firent quelques pas en s'éloignant.

« Il faut que je souhaite le bonsoir à l'idole », dit le plus grand des apprentis, s'arrêtant tout à coup.

Il se baissa, et probablement ramassa une pierre. Je le vis déployer le bras, lancer quelque chose, et aussitôt un coup sonore retentit sur le bronze. Au même instant l'apprenti porta la main à sa tête en poussant un cri de douleur.

« Elle me l'a rejetée ! » s'écria-t-il.

Et mes deux polissons prirent la fuite à toutes jambes. Il était évident que la pierre avait rebondi sur le métal, et avait puni ce drôle de l'outrage[1] qu'il faisait à la déesse.

Je fermai la fenêtre en riant de bon cœur. « Encore un Vandale[2] puni par Vénus ! Puissent tous les destructeurs de nos vieux monuments avoir ainsi la tête cassée ! » Sur ce souhait charitable, je m'endormis.

NOTES

1. **outrage :** insulte.
2. **Vandale :** qui appartient au groupement de peuples germaniques qui pillèrent Rome en 455 ap. J.-C. Par la suite, personne qui détruit, qui détériore par ignorance, bêtise ou malveillance.

La Vénus d'Arles, **copie en marbre d'après l'original de Praxiteles (v. 400-330 av. J.-C.).**
Musée du Louvre, Paris.

Il était grand jour quand je me réveillai. Auprès de mon lit étaient, d'un côté, M. de Peyrehorade, en robe de chambre ; de l'autre, un domestique envoyé par sa femme, une tasse de chocolat à la main.

« Allons, debout, Parisien ! Voilà bien mes paresseux de la capitale ! disait mon hôte pendant que je m'habillais à la hâte. Il est huit heures, et encore au lit ! Je suis levé, moi, depuis six heures. Voilà trois fois que je monte ; je me suis approché de votre porte sur la pointe du pied : personne, nul signe de vie. Cela vous fera mal de trop dormir à votre âge. Et ma Vénus que vous n'avez pas encore vue ! Allons, prenez-moi vite cette tasse de chocolat de Barcelone[1]… Vraie contrebande… Du chocolat comme on n'en a pas à Paris. Prenez des forces, car lorsque vous serez devant ma Vénus, on ne pourra plus vous en arracher. »

En cinq minutes je fus prêt, c'est-à-dire à moitié rasé, mal boutonné, et brûlé par le chocolat que j'avalai bouillant. Je descendis dans le jardin, et me trouvai devant une admirable statue.

C'était bien une Vénus, et d'une merveilleuse beauté. Elle avait le haut du corps nu, comme les anciens représentaient d'ordinaire les grandes divinités ; la main droite, levée à la hauteur du sein, était tournée, la paume en dedans, le pouce et les deux premiers doigts étendus, les deux autres légèrement ployés. L'autre main, rapprochée de la hanche, soutenait la draperie qui couvrait la partie inférieure du corps. L'attitude de cette statue rappelait celle du *Joueur de mourre*[2] qu'on désigne, je ne sais trop pourquoi, sous le nom de *Germanicus*[3]. Peut-être avait-on voulu représenter la déesse jouant au jeu de mourre.

NOTES

1. **chocolat de Barcelone :** chocolat espagnol réputé, acheté en contrebande car les droits de douane étaient élevés.
2. ***Joueur de mourre* :** dans cet ancien jeu, on doit deviner très rapidement le nombre de doigts levés par l'adversaire.
3. ***Germanicus* :** allusion à une statue du Louvre représentant un général romain.

Quoi qu'il en soit, il est impossible de voir quelque chose de plus parfait que le corps de cette Vénus ; rien de plus suave[1], de plus voluptueux[2] que ses contours ; rien de plus élégant et de plus noble que sa draperie. Je m'attendais à quelque ouvrage du Bas-Empire[3] ; je voyais un chef-d'œuvre du meilleur temps de la statuaire. Ce qui me frappait surtout, c'était l'exquise vérité des formes, en sorte qu'on aurait pu les croire moulées sur nature, si la nature produisait d'aussi parfaits modèles.

La chevelure, relevée sur le front, paraissait avoir été dorée autrefois. La tête, petite comme celle de presque toutes les statues grecques, était légèrement inclinée en avant. Quant à la figure, jamais je ne parviendrai à exprimer son caractère étrange, et dont le type ne se rapprochait de celui d'aucune statue antique dont il me souvienne. Ce n'était point cette beauté calme et sévère des sculpteurs grecs, qui, par système[4], donnaient à tous les traits une majestueuse immobilité. Ici, au contraire, j'observais avec surprise l'intention marquée de l'artiste de rendre la malice arrivant jusqu'à la méchanceté. Tous les traits étaient contractés légèrement : les yeux un peu obliques, la bouche relevée des coins, les narines quelque peu gonflées. Dédain[5], ironie, cruauté se lisaient sur ce visage d'une incroyable beauté cependant. En vérité, plus on regardait cette admirable statue, et plus on éprouvait le sentiment pénible qu'une si merveilleuse beauté pût s'allier à l'absence de toute sensibilité.

« Si le modèle a jamais existé, dis-je à M. de Peyrehorade, et je doute que le ciel ait jamais produit une telle femme, que je plains ses amants ! Elle a dû se complaire à les faire mourir de

NOTES

1. suave : doux, agréable.
2. voluptueux : qui suggère le plaisir.
3. Bas-Empire : période de l'Empire romain qui va de 235 à 476 ap. J.-C.
4. par système : selon leur conception. Une des caractéristiques de la divinité était en effet l'absence totale de trouble.
5. Dédain : mépris.

désespoir. Il y a dans son expression quelque chose de féroce, et pourtant je n'ai jamais vu rien de si beau.

– C'est Vénus tout entière à sa proie attachée[1] ! » s'écria M. de Peyrehorade, satisfait de mon enthousiasme.

Cette expression d'ironie infernale[2] était augmentée peut-être par le contraste de ses yeux incrustés d'argent et très brillants avec la patine[3] d'un vert noirâtre que le temps avait donnée à toute la statue. Ces yeux brillants produisaient une certaine illusion qui rappelait la réalité, la vie. Je me souvins de ce que m'avait dit mon guide, qu'elle faisait baisser les yeux à ceux qui la regardaient. Cela était presque vrai, et je ne pus me défendre d'un mouvement de colère contre moi-même en me sentant un peu mal à mon aise devant cette figure de bronze.

« Maintenant que vous avez tout admiré en détail, mon cher collègue en antiquaillerie[4], dit mon hôte, ouvrons, s'il vous plaît, une conférence scientifique. Que dites-vous de cette inscription, à laquelle vous n'avez point pris garde encore ?

Il me montrait le socle de la statue, et j'y lus ces mots :

CAVE AMANTEM[5].

« *Qui dicis, doctissime*[6]*?* me demanda-t-il en se frottant les mains. Voyons si nous nous rencontrons sur le sens de ce *cave amantem* !

– Mais, répondis-je, il y a deux sens. On peut traduire : "Prends garde à celui qui t'aime, défie-toi des amants." Mais, dans ce

NOTES

1. C'est Vénus tout entière à sa proie attachée : (Racine, *Phèdre*, acte I, sc. 3, v. 306). Phèdre exprime ainsi la fatalité, la malédiction de son amour pour Hippolyte.
2. infernale : qui appartient au monde de l'enfer ou des Enfers.
3. patine : teinte que certaines matières, notamment le bronze, prennent avec le temps.
4. antiquaillerie : mot formé sur *antiquité* et qui en constitue un synonyme péjoratif et amusant.
5. *cave amantem* : latin, « prends garde à celle ou à celui qui aime ».
6. *Quid dicis, doctissime* : « *Qu'en dis-tu, très savant collègue ?* » ; formule traditionnelle en latin, employée par les professeurs lors des soutenances de thèse.

sens, je ne sais si *cave amantem* serait d'une bonne latinité[1]. En voyant l'expression diabolique de la dame, je croirais plutôt que l'artiste a voulu mettre en garde le spectateur contre cette terrible beauté. Je traduirais donc : "Prends garde à toi si *elle* t'aime."

– Humph ! dit M. de Peyrehorade, oui, c'est un sens admirable ; mais, ne vous en déplaise, je préfère la première traduction, que je développerai pourtant. Vous connaissez l'amant de Vénus ?

– Il y en a plusieurs.

– Oui ; mais le premier, c'est Vulcain[2]. N'a-t-on pas voulu dire : "Malgré toute ta beauté, ton air dédaigneux, tu auras un forgeron, un vilain boiteux pour amant ?" Leçon profonde, Monsieur, pour les coquettes ! »

Je ne pus m'empêcher de sourire, tant l'explication me parut tirée par les cheveux.

« C'est une terrible langue que le latin avec sa concision[3] », observai-je pour éviter de contredire formellement mon antiquaire, et je reculai de quelques pas afin de mieux contempler la statue.

« Un instant, collègue ! dit M. de Peyrehorade en m'arrêtant par le bras, vous n'avez pas tout vu. Il y a encore une autre inscription. Montez sur le socle et regardez au bras droit. »

En parlant ainsi il m'aidait à monter.

Je m'accrochai sans trop de façons au cou de la Vénus, avec laquelle je commençais à me familiariser. Je la regardai même un instant *sous le nez*, et la trouvai de près encore plus méchante et encore plus belle. Puis je reconnus qu'il y avait, gravés sur le bras, quelques caractères d'écriture cursive[4] antique, à ce qui me

NOTES

1. **latinité :** manière de parler ou d'écrire correctement le latin.
2. **Vulcain :** dieu romain du feu et des forgerons, époux de Vénus. Identifié à l'Héphaïstos grec.
3. **concision :** qualité de ce qui exprime beaucoup de choses en peu de mots.
4. **écriture cursive :** écriture tracée à main courante.

sembla. À grand renfort de besicles[1] j'épelai ce qui suit, et cependant M. de Peyrehorade répétait chaque mot à mesure que je le prononçais, approuvant du geste et de la voix. Je lus donc :

VENERI TVRBVL...
EVTYCHES MYRO
IMPERIO FECIT.

Après ce mot TVRBVL de la première ligne, il me semblait qu'il y avait quelques lettres effacées ; mais TVRBVL était parfaitement lisible.

« Ce qui veut dire ?... » me demanda mon hôte radieux et souriant avec malice, car il pensait bien que je ne me tirerais pas facilement de ce TVRBVL.

« Il y a un mot que je ne m'explique pas encore, lui dis-je ; tout le reste est facile. Eutychès[2] Myron a fait cette offrande à Vénus par son ordre.

– À merveille. Mais TVRBVL, qu'en faites-vous ? Qu'est-ce que TVRBVL ?

– TVRBVL m'embarrasse fort. Je cherche en vain quelque épithète[3] connue de Vénus qui puisse m'aider. Voyons, que diriez-vous de TVRBVLENTA ? Vénus qui trouble, qui agite... Vous vous apercevez que je suis toujours préoccupé de son expression méchante. TVRBVLENTA, ce n'est point une trop mauvaise épithète pour Vénus », ajoutai-je d'un ton modeste, car je n'étais pas moi-même fort satisfait de mon explication.

« Vénus turbulente ! Vénus la tapageuse ! Ah ! vous croyez donc que ma Vénus est une Vénus de cabaret ? Point du tout, monsieur ; c'est une Vénus de bonne compagnie. Mais je vais vous expliquer ce TVRBVL... Au moins vous me promettez de ne point divulguer[4] ma découverte avant l'impression de mon

NOTES
1. **besicles :** anciennes lunettes.
2. **Eutychès :** prénom grec qui signifie « prospère ».
3. **épithète :** qualification attribuée à un dieu ou à un mortel.
4. **divulguer :** rendre public ce qui n'est pas connu de tous.

mémoire. C'est que, voyez-vous, je m'en fais gloire, de cette trouvaille-là… Il faut bien que vous nous laissiez quelques épis à glaner, à nous autres pauvres diables de provinciaux. Vous êtes si riches, messieurs les savants de Paris ! »

Du haut du piédestal, où j'étais toujours perché, je lui promis solennellement que je n'aurais jamais l'indignité de lui voler sa découverte.

« TVRBVL…, monsieur, dit-il en se rapprochant et baissant la voix de peur qu'un autre que moi ne pût l'entendre, lisez TVRBVLNERÆ.

– Je ne comprends pas davantage.

– Écoutez bien. À une lieue d'ici, au pied de la montagne, il y a un village qui s'appelle Boulternère[1]. C'est une corruption[2] du mot latin TVRBVLNERA. Rien de plus commun que ces inversions. Boulternère, monsieur, a été une ville romaine. Je m'en étais toujours douté, mais jamais je n'en avais eu la preuve. La preuve, la voilà. Cette Vénus était la divinité topique[3] de la cité de Boulternère ; et ce mot de Boulternère, que je viens de démontrer d'origine antique, prouve une chose bien plus curieuse, c'est que Boulternère, avant d'être une ville romaine, a été une ville phénicienne ! »

Il s'arrêta un moment pour respirer et jouir de ma surprise. Je parvins à réprimer une forte envie de rire.

« En effet, poursuivit-il, TVRBVLNERA est pur phénicien, TVR, prononcez TOUR… TOUR et SOUR, même mot, n'est-ce pas ? SOUR est le nom phénicien de Tyr[4] ; je n'ai pas besoin de vous en rappeler le sens. BVL, c'est Baal[5] ; Bâl, Bel, Bul, légères différences de prononciation. Quant à NERA, cela me donne un peu de peine. Je suis tenté de croire, faute de trouver un mot

NOTES

1. **Boulternère :** village situé à 3 km d'Ille-sur-Têt.
2. **corruption :** altération, déformation.
3. **topique :** locale.
4. **Tyr :** grande ville portuaire de l'ancienne Phénicie.
5. **Baal :** divinité phénicienne majeure.

phénicien, que cela vient du grec νηρός[1], humide, marécageux. Ce serait donc un mot hybride[2]. Pour justifier νηρός, je vous montrerai à Boulternère comment les ruisseaux de la montagne y forment des mares infectes. D'autre part, la terminaison NERA aurait pu être ajoutée beaucoup plus tard en l'honneur de Nera Pivesuvia, femme de Tetricus[3], laquelle aurait fait quelque bien à la cité de Turbul. Mais, à cause des mares, je préfère l'étymologie[4] de νηρός. »

Il prit une prise de tabac d'un air satisfait.

« Mais laissons les Phéniciens, et revenons à l'inscription. Je traduis donc : "À Vénus de Boulternère, Myron dédie, par son ordre, cette statue son ouvrage." »

Je me gardai bien de critiquer son étymologie, mais je voulus à mon tour faire preuve de pénétration[5], et je lui dis : « Halte-là, monsieur. Myron a consacré quelque chose, mais je ne vois nullement que ce soit cette statue.

– Comment ! s'écria-t-il. Myron n'était-il pas un fameux sculpteur grec ? Le talent se sera perpétué dans sa famille : c'est un de ses descendants qui aura fait cette statue. Il n'y a rien de plus sûr.

– Mais, répliquai-je, je vois sur le bras un petit trou. Je pense qu'il a servi à fixer quelque chose, un bracelet, par exemple, que ce Myron donna à Vénus en offrande expiatoire[6]. Myron était un amant malheureux. Vénus était irritée contre lui : il l'apaisa en lui consacrant un bracelet d'or. Remarquez que *fecit*[7] se prend fort souvent pour *consecravit*[8]. Ce sont termes synonymes. Je

NOTES

1. **νηρός :** mot grec, à prononcer *néros*.
2. **hybride :** tiré de deux langues.
3. **Tetricus :** empereur romain d'Occident qui régna de 268 à 273 ap. J.-C.
4. **étymologie :** origine d'un mot.
5. **pénétration :** finesse, vivacité d'esprit.
6. **expiatoire :** pour expier, c'est-à-dire apaiser la colère divine quand on a commis une faute.
7. ***fecit* :** latin, « a fait », et par la suite « a consacré ».
8. ***consecravit* :** latin, « a consacré ».

vous en montrerais plus d'un exemple si j'avais sous la main Gruter[1] ou bien Orelli[2]. Il est naturel qu'un amoureux voie Vénus en rêve, qu'il s'imagine qu'elle lui commande de donner un bracelet d'or à sa statue. Myron lui consacra un bracelet… Puis les barbares ou bien quelque voleur sacrilège…

– Ah ! qu'on voit bien que vous avez fait des romans ! s'écria mon hôte en me donnant la main pour descendre. Non, monsieur, c'est un ouvrage de l'école de Myron. Regardez seulement le travail, et vous en conviendrez. »

M'étant fait une loi de ne jamais contredire à outrance[3] les antiquaires entêtés, je baissai la tête d'un air convaincu en disant : « C'est un admirable morceau.

– Ah ! mon Dieu, s'écria M. de Peyrehorade, encore un trait de vandalisme[4] ! On aura jeté une pierre à ma statue ! »

Il venait d'apercevoir une marque blanche un peu au-dessus du sein de la Vénus. Je remarquai une trace semblable sur les doigts de la main droite, qui, je le supposai alors, avaient été touchés dans le trajet de la pierre, ou bien un fragment s'en était détaché par le choc et avait ricoché[5] sur la main. Je contai à mon hôte l'insulte dont j'avais été témoin et la prompte punition qui s'en était suivie. Il en rit beaucoup, et, comparant l'apprenti à Diomède[6], il lui souhaita de voir, comme le héros grec, tous ses compagnons changés en oiseaux blancs.

NOTES

1. Gruter : philologue hollandais, spécialiste des langues anciennes.
2. Orelli : philologue suisse, spécialiste des langues anciennes et de l'épigraphie (étude et interprétation des inscriptions).
3. outrance : excès.
4. vandalisme : acte de destruction ou de détérioration.
5. avait ricoché : avait rebondi.
6. Diomède : héros de la mythologie grecque, compagnon d'Ulysse, qui avait blessé Aphrodite lors de la guerre de Troie. Dans des récits postérieurs à l'*Iliade*, on retrouve le personnage de Diomède tué par Daunus, tandis qu'Aphrodite, pour se venger, métamorphose ses compagnons en oiseaux blancs.

Mosaïque de la villa gallo-romaine de Séviac.

Situés à Montréal-du-Gers dans le sud-ouest de la France, les vestiges de cette villa ont été découverts au XIXe siècle.

La cloche du déjeuner interrompit cet entretien classique, et, de même que la veille, je fus obligé de manger comme quatre. Puis vinrent des fermiers de M. de Peyrehorade ; et pendant qu'il leur donnait audience, son fils me mena voir une calèche[1] qu'il avait achetée à Toulouse pour sa fiancée, et que j'admirai, cela va sans dire. Ensuite j'entrai avec lui dans l'écurie, où il me tint une demi-heure à me vanter ses chevaux, à me faire leur généalogie[2], à me conter les prix qu'ils avaient gagnés aux courses du département. Enfin il en vint à me parler de sa future, par la transition[3] d'une jument grise qu'il lui destinait.

« Nous la verrons aujourd'hui, dit-il. Je ne sais si vous la trouverez jolie. Vous êtes difficiles, à Paris ; mais tout le monde, ici et à Perpignan, la trouve charmante. Le bon, c'est qu'elle est fort riche. Sa tante de Prades[4] lui a laissé son bien. Oh ! je vais être fort heureux. »

Je fus profondément choqué de voir un jeune homme paraître plus touché de la dot[5] que des beaux yeux de sa future.

« Vous vous connaissez en bijoux, poursuivit M. Alphonse, comment trouvez-vous ceci ? Voici l'anneau que je lui donnerai demain. »

En parlant ainsi, il tirait de la première phalange de son petit doigt une grosse bague enrichie de diamants, et formée de deux mains entrelacées ; allusion qui me parut infiniment poétique. Le travail en était ancien, mais je jugeai qu'on l'avait retouchée pour enchâsser[6] les diamants. Dans l'intérieur de la bague se lisaient ces mots en lettres gothiques : *Sempr' ab ti*, c'est-à-dire, toujours avec toi.

NOTES

1. **calèche :** voiture légère à quatre roues tirée par un ou plusieurs chevaux.
2. **généalogie :** suite d'ancêtres qui établit une filiation.
3. **par la transition :** par le biais.
4. **Prades :** ville des Pyrénées-Orientales.
5. **dot :** biens qu'une femme apporte à l'occasion de son mariage.
6. **enchâsser :** fixer sur un support dans un creux aménagé à cet effet.

« C'est une jolie bague, lui dis-je ; mais ces diamants ajoutés lui ont fait perdre un peu de son caractère.

– Oh ! elle est bien plus belle comme cela, répondit-il en souriant. Il y a là pour douze cents francs de diamants. C'est ma mère qui me l'a donnée. C'était une bague de famille, très ancienne… du temps de la chevalerie. Elle avait servi à ma grand-mère, qui la tenait de la sienne. Dieu sait quand cela a été fait.

– L'usage à Paris, lui dis-je, est de donner un anneau tout simple, ordinairement composé de deux métaux différents, comme de l'or et du platine[1]. Tenez, cette autre bague, que vous avez à ce doigt, serait fort convenable. Celle-ci, avec ses diamants et ses mains en relief, est si grosse, qu'on ne pourrait mettre un gant par-dessus.

– Oh ! madame Alphonse s'arrangera comme elle voudra. Je crois qu'elle sera toujours bien contente de l'avoir. Douze cents francs au doigt, c'est agréable. Cette petite bague-là, ajouta-t-il en regardant d'un air de satisfaction l'anneau tout uni qu'il portait à la main, celle-là c'est une femme à Paris qui me l'a donnée un jour de mardi gras. Ah ! comme je m'en suis donné[2] quand j'étais à Paris, il y a deux ans ! C'est là qu'on s'amuse !… » Et il soupira de regret.

Nous devions dîner ce jour-là à Puygarrig, chez les parents de la future ; nous montâmes en calèche, et nous nous rendîmes au château, éloigné d'Ille d'environ une lieue et demie. Je fus présenté et accueilli comme l'ami de la famille. Je ne parlerai pas du dîner ni de la conversation qui s'ensuivit, et à laquelle je pris peu part. M. Alphonse, placé à côté de sa future, lui disait un mot à l'oreille tous les quarts d'heure. Pour elle, elle ne levait guère les yeux, et, chaque fois que son prétendu lui parlait, elle rougissait avec modestie, mais lui répondait sans embarras.

NOTES

1. **platine :** métal précieux.

2. **je m'en suis donné :** je me suis bien amusé.

Mademoiselle de Puygarrig avait dix-huit ans ; sa taille souple et délicate contrastait avec les formes osseuses de son robuste fiancé. Elle était non seulement belle, mais séduisante. J'admirais le naturel parfait de toutes ses réponses ; et son air de bonté, qui pourtant n'était pas exempt[1] d'une légère teinte de malice, me rappela, malgré moi, la Vénus de mon hôte. Dans cette comparaison que je fis en moi-même, je me demandais si la supériorité de beauté qu'il fallait bien accorder à la statue ne tenait pas, en grande partie, à son expression de tigresse ; car l'énergie, même dans les mauvaises passions, excite toujours en nous un étonnement et une espèce d'admiration involontaire.

« Quel dommage, me dis-je en quittant Puygarrig, qu'une si aimable personne soit riche, et que sa dot la fasse rechercher par un homme indigne d'elle ! »

En revenant à Ille, et ne sachant trop que dire à madame de Peyrehorade, à qui je croyais convenable d'adresser quelquefois la parole :

« Vous êtes bien esprits forts[2] en Roussillon ! m'écriai-je ; comment, madame, vous faites un mariage un vendredi ! À Paris nous aurions plus de superstition ; personne n'oserait prendre femme un tel jour.

– Mon Dieu ! ne m'en parlez pas, me dit-elle, si cela n'avait dépendu que de moi, certes on eût choisi un autre jour. Mais Peyrehorade l'a voulu, et il a fallu lui céder. Cela me fait de la peine pourtant. S'il arrivait quelque malheur ? Il faut bien qu'il y ait une raison, car enfin pourquoi tout le monde a-t-il peur du vendredi ?

– Vendredi ! s'écria son mari, c'est le jour de Vénus ! Bon jour pour un mariage ! Vous le voyez, mon cher collègue, je ne

NOTES

1. **exempt :** dénué, qui manque de.

2. **esprits forts :** personnes qui refusent toute superstition, toute croyance religieuse.

pense qu'à ma Vénus. D'honneur[1] ! c'est à cause d'elle que j'ai choisi le vendredi. Demain, si vous voulez, avant la noce, nous lui ferons un petit sacrifice ; nous sacrifierons deux palombes[2], et si je savais où trouver de l'encens[3]…

– Fi donc, Peyrehorade ! interrompit sa femme scandalisée au dernier point. Encenser[4] une idole ! Ce serait une abomination ! Que dirait-on de nous dans le pays ?

– Au moins, dit M. de Peyrehorade, tu me permettras de lui mettre sur la tête une couronne de roses et de lis :

Manibus date lilia plenis[5].

Vous le voyez, monsieur, la charte[6] est un vain mot. Nous n'avons pas la liberté des cultes[7] ! »

Les arrangements du lendemain furent réglés de la manière suivante. Tout le monde devait être prêt et en toilette à dix heures précises. Le chocolat pris, on se rendrait en voiture à Puygarrig. Le mariage civil devait se faire à la mairie du village, et la cérémonie religieuse dans la chapelle du château. Viendrait ensuite un déjeuner. Après le déjeuner on passerait le temps comme l'on pourrait jusqu'à sept heures. À sept heures, on retournerait à Ille, chez M. de Peyrehorade, où devaient souper les deux familles réunies. Le reste s'ensuit naturellement. Ne pouvant danser, on avait voulu manger le plus possible.

NOTES

1. **D'honneur :** sur ma parole d'honneur.
2. **palombes :** pigeons ramiers. La colombe, oiseau consacré à Vénus, est un pigeon à plumage blanc.
3. **encens :** substance résineuse brûlée lors des cérémonies religieuses.
4. **Encenser :** honorer comme pour une idole.
5. ***Manibus date lilia plenis* :** « *donnez des lis à pleines mains* » (Virgile, *Énéide*, VI, v. 883).
6. **charte :** allusion à la Charte constitutionnelle de 1814 révisée par Louis-Philippe en 1830, qui garantissait une « *égale liberté* » des religions et la « *même protection* » des cultes.
7. Le culte désigne la pratique d'une religion.

Fresque représentant Vénus et Mars, maison de Pompéi.
Musée archéologique national de Naples, Italie.

AS-TU BIEN LU ?

Questions sur les pages 27 à 48

AS-TU BIEN COMPRIS ?

1 Sur combien de jours se déroule le passage ? Dégage brièvement ses différentes étapes.

2 Parmi les traits suivants, lesquels caractérisent Alphonse ? Est-il un personnage sympathique ? Justifie ta réponse.

visage régulier – teinte rouge – manque d'expression – malingre – élégant – à l'aise – mains de laboureur – peu soigné

3 À quel moment le narrateur voit-il la statue pour la première fois ?

4 Quelles inscriptions sont sujettes à débat entre le narrateur et M. de Peyrehorade ? En quelle langue sont-elles écrites ?

5 Vrai ou faux ? La chambre du narrateur est située juste à côté de celle des futurs jeunes mariés.

6 Où se trouve le terrain du jeu de paume ?

- ❑ juste à côté de la statue
- ❑ de l'autre côté de la ville d'Ille
- ❑ juste au pied de la maison, sous la fenêtre du narrateur

7 Comment est composée l'alliance qu'Alphonse compte offrir à sa fiancée ? Qu'en pense le narrateur ?

8 Quel jour de la semaine le mariage d'Alphonse doit-il avoir lieu ? Cherche l'étymologie du mot désignant ce jour. Qu'en pensent respectivement M. et Mme de Peyrehorade ?

ÉTUDIE UNE NOUVELLE FANTASTIQUE

9 Quel incident est à l'origine des marques notées par les deux savants sur la poitrine et la main de la statue page 43 ? Quelles explications sont proposées dans le récit ? Quel est, selon toi, l'avis du lecteur à ce stade du récit ?

fantastique : irruption du surnaturel dans un cadre réaliste de façon à semer le doute et la peur.

10 Quels personnages de la nouvelle se révèlent superstitieux ? Montre que ce sont des personnages peu cultivés.

11 Relis le portrait que le narrateur peint de la statue pages 36-37. Quelles sont ses différentes impressions ? Considérant les incidents liés à la Vénus, quelles questions le lecteur est-il en droit de se poser ?

ÉTUDIE LA LANGUE

12 **Lexique.** Page 36, lignes 315 à 322, relève d'une part le champ lexical de la beauté, d'autre part celui des sentiments ou des opinions.

13 **Grammaire.** Page 36, lignes 315 à 322, relève quatre adjectifs au **comparatif** de supériorité, un au **comparatif** d'égalité et un au **superlatif** de supériorité.

Comparatifs et superlatifs

- Comparatifs de supériorité, d'égalité et d'infériorité : *plus grand que, aussi grand que, moins grand que.*
- Superlatifs relatifs de supériorité et d'infériorité : *le plus grand de, le moins grand de.*
- Superlatif absolu : *très grand.*
- Certaines formes sont irrégulières : *mieux (plus bien), pire (plus mauvais), meilleur (plus bon).*

À TOI DE JOUER

Imagine qu'au fond du CDI de ton collège, tu pousses une porte à laquelle tu n'avais jamais prêté attention.
Décris la pièce dans laquelle tu pénètres en créant une atmosphère fantastique. Pour cela, pense à exprimer tes doutes, voire ton inquiétude. Fais lire ton récit à un(e) camarade et demande-lui s'il (si elle) hésite entre deux interprétations de ce que tu as décrit ou raconté. Améliore ton texte en tenant compte de ses remarques.

Alphonse enfilant ses sandales pour aller jouer.
Gravure de Mariano Andrieu, 1961.

Dès huit heures j'étais assis devant la Vénus, un crayon à la main, recommençant pour la vingtième fois la tête de la statue, sans pouvoir parvenir à en saisir l'expression. M. de Peyrehorade allait et venait autour de moi, me donnait des conseils, me répétait ses étymologies phéniciennes; puis disposait des roses du Bengale[1] sur le piédestal de la statue, et d'un ton tragi-comique lui adressait des vœux pour le couple qui allait vivre sous son toit. Vers neuf heures il rentra pour songer à sa toilette, et en même temps parut M. Alphonse, bien serré dans un habit neuf, en gants blancs, souliers vernis, boutons ciselés, une rose à la boutonnière[2].

« Vous ferez le portrait de ma femme? me dit-il en se penchant sur mon dessin. Elle est jolie aussi. »

En ce moment commençait, sur le jeu de paume dont j'ai parlé, une partie qui, sur-le-champ, attira l'attention de M. Alphonse. Et moi, fatigué, et désespérant de rendre cette diabolique figure, je quittai bientôt mon dessin pour regarder les joueurs. Il y avait parmi eux quelques muletiers espagnols arrivés de la veille. C'étaient des Aragonais[3] et des Navarrois[4], presque tous d'une adresse merveilleuse. Aussi les Illois, bien qu'encouragés par la présence et les conseils de M. Alphonse, furent-ils assez promptement battus par ces nouveaux champions. Les spectateurs nationaux étaient consternés. M. Alphonse regarda à sa montre. Il n'était encore que neuf heures et demie. Sa mère n'était pas coiffée. Il n'hésita plus; il ôta son habit, demanda une veste, et

NOTES

1. **roses du Bengale :** variété de roses qui refleurit en permanence et qui fut introduite en France au XVIIIe siècle.
2. **rose à la boutonnière :** on se rappelle que la rose est la fleur traditionnellement consacrée à Vénus, car elle représente à la fois la pureté et l'amour.
3. **Aragonais :** habitant de l'Aragon, région du nord de l'Espagne limitrophe de la France.
4. **Navarrois :** habitant de la Navarre, région d'Espagne.

défia les Espagnols. Je le regardais faire en souriant, et un peu surpris.

« Il faut soutenir l'honneur du pays », dit-il.

Alors je le trouvai vraiment beau. Il était passionné. Sa toilette, qui l'occupait si fort tout à l'heure, n'était plus rien pour lui. Quelques minutes avant il eût craint de tourner la tête de peur de déranger sa cravate. Maintenant il ne pensait plus à ses cheveux frisés ni à son jabot[1] si bien plissé. Et sa fiancée ?... Ma foi, si cela eût été nécessaire, il aurait, je crois, fait ajourner[2] le mariage. Je le vis chausser à la hâte une paire de sandales, retrousser ses manches, et, d'un air assuré, se mettre à la tête du parti vaincu, comme César ralliant ses soldats à Dyrrachium[3]. Je sautai la haie, et me plaçai commodément à l'ombre d'un micocoulier[4], de façon à bien voir les deux camps.

Contre l'attente générale, M. Alphonse manqua la première balle ; il est vrai qu'elle vint rasant la terre et lancée avec une force surprenante par un Aragonais qui paraissait être le chef des Espagnols.

C'était un homme d'une quarantaine d'années, sec et nerveux, haut de six pieds, et sa peau olivâtre avait une teinte presque aussi foncée que le bronze de la Vénus.

M. Alphonse jeta sa raquette à terre avec fureur.

« C'est cette maudite bague, s'écria-t-il, qui me serre le doigt, et me fait manquer une balle sûre ! »

Il ôta, non sans peine, sa bague de diamants : je m'approchais pour la recevoir ; mais il me prévint[5], courut à la Vénus, lui passa la bague au doigt annulaire, et reprit son poste à la tête des Illois.

NOTES

1. jabot : plissé de dentelle ornant le devant d'une chemise.
2. ajourner : renvoyer à une date ultérieure.
3. Dyrrachium : ville d'Illyrie (Albanie actuelle) où César fut battu par Pompée en 48 av. J.-C.
4. micocoulier : arbre, sorte d'orme.
5. il me prévint : il me devança.

Il était pâle, mais calme et résolu. Dès lors il ne fit plus une seule faute, et les Espagnols furent battus complètement. Ce fut un beau spectacle que l'enthousiasme des spectateurs : les uns poussaient mille cris de joie en jetant leurs bonnets en l'air ; d'autres lui serraient les mains, l'appelant l'honneur du pays. S'il eût repoussé une invasion, je doute qu'il eût reçu des félicitations plus vives et plus sincères. Le chagrin des vaincus ajoutait encore à l'éclat de sa victoire.

« Nous ferons d'autres parties, mon brave, dit-il à l'Aragonais d'un ton de supériorité ; mais je vous rendrai des points[1]. »

J'aurais désiré que M. Alphonse fût plus modeste, et je fus presque peiné de l'humiliation de son rival.

Le géant espagnol ressentit profondément cette insulte. Je le vis pâlir sous sa peau basanée[2]. Il regardait d'un air morne[3] sa raquette en serrant les dents ; puis, d'une voix étouffée, il dit tout bas : *Me lo pagarás*[4].

La voix de M. de Peyrehorade troubla le triomphe de son fils ; mon hôte, fort étonné de ne point le trouver présidant aux apprêts de la calèche neuve, le fut bien plus encore en le voyant tout en sueur, la raquette à la main. M. Alphonse courut à la maison, se lava la figure et les mains, remit son habit neuf et ses souliers vernis, et cinq minutes après nous étions au grand trot sur la route de Puygarrig. Tous les joueurs de paume de la ville et grand nombre de spectateurs nous suivirent avec des cris de joie. À peine les chevaux vigoureux qui nous traînaient pouvaient-ils maintenir leur avance sur ces intrépides Catalans.

Nous étions à Puygarrig, et le cortège allait se mettre en marche pour la mairie, lorsque M. Alphonse, se frappant le front, me dit tout bas :

NOTES

1. mais je vous rendrai des points : mais je vous donnerai des points d'avance (pour vous laisser un avantage, puisque vous êtes plus faible).

2. basanée : hâlée, bronzée.

3. morne : abattu, triste.

4. *Me lo pagarás* : en espagnol, signifie « Tu me le paieras ».

« Quelle brioche[1] ! J'ai oublié la bague ! Elle est au doigt de la Vénus, que le diable puisse emporter ! Ne le dites pas à ma mère au moins. Peut-être qu'elle ne s'apercevra de rien.

– Vous pourriez envoyer quelqu'un, lui dis-je.

– Bah ! mon domestique est resté à Ille. Ceux-ci, je ne m'y fie guère[2]. Douze cents francs de diamants ! cela pourrait en tenter plus d'un. D'ailleurs que penserait-on ici de ma distraction ? Ils se moqueraient trop de moi. Il m'appelleraient le mari de la statue… Pourvu qu'on ne me la vole pas ! Heureusement que l'idole fait peur à mes coquins. Ils n'osent l'approcher à longueur de bras. Bah ! ce n'est rien ; j'ai une autre bague. »

Les deux cérémonies civile et religieuse s'accomplirent avec la pompe[3] convenable ; et mademoiselle de Puygarrig reçut l'anneau d'une modiste[4] de Paris, sans se douter que son fiancé lui faisait le sacrifice d'un gage[5] amoureux. Puis on se mit à table, où l'on but, mangea, chanta même, le tout fort longuement. Je souffrais pour la mariée de la grosse joie qui éclatait autour d'elle ; pourtant elle faisait meilleure contenance que je ne l'aurais espéré, et son embarras n'était ni de la gaucherie ni de l'affectation[6].

Peut-être le courage vient-il avec les situations difficiles. Le déjeuner terminé quand il plut à Dieu, il était quatre heures ; les hommes allèrent se promener dans le parc, qui était magnifique, ou regardèrent danser sur la pelouse du château les paysannes de Puygarrig, parées de leurs habits de fête. De la sorte, nous employâmes quelques heures. Cependant les femmes étaient fort empressées autour de la mariée, qui leur faisait admirer sa

NOTES

1. **Quelle brioche :** quelle bévue, quelle erreur grossière (expression à la mode chez les dandys du XIXe siècle).
2. **je ne m'y fie guère :** je ne leur fais pas confiance.
3. **pompe :** faste, cérémonial somptueux.
4. **modiste :** personne qui confectionne ou qui vend des articles de mode, des chapeaux de femme.
5. **gage :** preuve, témoignage.
6. **affectation :** manque de naturel, de simplicité.

corbeille[1]. Puis elle changea de toilette, et je remarquai qu'elle couvrit ses beaux cheveux d'un bonnet et d'un chapeau à plumes, car les femmes n'ont rien de plus pressé que de prendre, aussitôt qu'elles le peuvent, les parures que l'usage leur défend de porter quand elles sont encore demoiselles.

Il était près de huit heures quand on se disposa à partir pour Ille. Mais d'abord eut lieu une scène pathétique[2]. La tante de mademoiselle Puygarrig, qui lui servait de mère, femme très âgée et fort dévote[3], ne devait point aller avec nous à la ville. Au départ, elle fit à sa nièce un sermon touchant sur ses devoirs d'épouse, duquel sermon résulta un torrent de larmes et des embrassements sans fin. M. de Peyrehorade comparait cette séparation à l'enlèvement des Sabines[4]. Nous partîmes pourtant, et, pendant la route, chacun s'évertua pour distraire la mariée et la faire rire ; mais ce fut en vain.

À Ille, le souper nous attendait, et quel souper ! Si la grosse joie du matin m'avait choqué, je le fus bien davantage des équivoques[5] et des plaisanteries dont le marié et la mariée surtout furent l'objet. Le marié, qui avait disparu un instant avant de se mettre à table, était pâle et d'un sérieux de glace. Il buvait à chaque instant du vieux vin de Collioure[6] presque aussi fort que de l'eau-de-vie. J'étais à côté de lui, et me crus obligé de l'avertir :

« Prenez garde ! on dit que le vin… »

Je ne sais quelle sottise je lui dis pour me mettre à l'unisson des convives.

NOTES

1. **corbeille :** ensemble des présents offerts aux mariés et mis autrefois dans une corbeille.
2. **pathétique :** très émouvante.
3. **dévote :** pieuse, très croyante.
4. **l'enlèvement des Sabines :** Romulus et ses compagnons, après la fondation de Rome, n'ayant pas de femmes, enlevèrent les Sabines – jeunes filles d'un peuple voisin du Latium – pour les épouser (*cf.* le tableau de Nicolas Poussin, p. 58).
5. **équivoques :** propos susceptibles d'offrir plusieurs sens.
6. **Collioure :** ville des Pyrénées-Orientales, réputée pour ses vins.

Nicolas Poussin, *L'Enlèvement des Sabines* (1634-1635).
Huile sur toile, musée du Louvre, Paris.

Il me poussa le genou, et très bas il me dit :

« Quand on se lèvera de table…, que je puisse vous dire deux mots. »

Son ton solennel me surprit. Je le regardai plus attentivement, et je remarquai l'étrange altération[1] de ses traits.

« Vous sentez-vous indisposé ? lui demandai-je.

– Non. »

Et il se remit à boire.

Cependant, au milieu des cris et des battements de mains, un enfant de onze ans, qui s'était glissé sous la table, montrait aux assistants un joli ruban blanc et rose qu'il venait de détacher de la cheville de la mariée. On appelle cela sa jarretière[2]. Elle fut aussitôt coupée par morceaux et distribuée aux jeunes gens, qui en ornèrent leur boutonnière, suivant un antique usage qui se conserve encore dans quelques familles patriarcales[3]. Ce fut pour la mariée une occasion de rougir jusqu'au blanc des yeux… Mais son trouble fut au comble lorsque M. de Peyrehorade, ayant réclamé le silence, lui chanta quelques vers catalans, impromptus[4], disait-il. En voici le sens, si je l'ai bien compris :

« Qu'est-ce donc, mes amis ? Le vin que j'ai bu me fait-il voir double ? Il y a deux Vénus ici… »

Le marié tourna brusquement la tête d'un air effaré, qui fit rire tout le monde.

« Oui, poursuivit M. de Peyrehorade, il y a deux Vénus sous mon toit. L'une, je l'ai trouvée dans la terre comme une truffe ; l'autre, descendue des cieux, vient de nous partager sa ceinture. »

Il voulait dire sa jarretière.

« Mon fils, choisis de la Vénus romaine ou de la catalane celle que tu préfères. Le maraud prend la catalane, et sa part est

NOTES

1. altération : modification, changement.

2. jarretière : ruban maintenant le bas sur la jambe.

3. patriarcales : qui rappellent les anciens patriarches et la simplicité de leurs mœurs.

4. impromptus : improvisés.

la meilleure. La romaine est noire, la catalane est blanche. La romaine est froide, la catalane enflamme tout ce qui l'approche. »

Cette chute[1] excita un tel hourra, des applaudissements si bruyants et des rires si sonores, que je crus que le plafond allait nous tomber sur la tête. Autour de la table il n'y avait que trois visages sérieux, ceux des mariés et le mien. J'avais un grand mal de tête ; et puis, je ne sais pourquoi, un mariage m'attriste toujours. Celui-là, en outre, me dégoûtait un peu.

Les derniers couplets ayant été chantés par l'adjoint du maire, et ils étaient fort lestes[2], je dois le dire, on passa dans le salon pour jouir du départ de la mariée, qui devait être bientôt conduite à sa chambre, car il était près de minuit.

M. Alphonse me tira dans l'embrasure[3] d'une fenêtre, et me dit en détournant les yeux :

« Vous allez vous moquer de moi… Mais je ne sais ce que j'ai… je suis ensorcelé ! le diable m'emporte ! »

La première pensée qui me vint fut qu'il se croyait menacé de quelque malheur du genre[4] de ceux dont parlent Montaigne et madame de Sévigné :

« Tout l'empire amoureux est plein d'histoires tragique », etc.

Je croyais que ces sortes d'accidents n'arrivaient qu'aux gens d'esprit, me dis-je à moi-même.

« Vous avez trop bu de vin de Collioure, mon cher monsieur Alphonse, lui dis-je. Je vous avais prévenu.

– Oui, peut-être. Mais c'est quelque chose de bien plus terrible. »

NOTES

1. **chute :** formule brillante qui termine un texte (discours, poème, histoire drôle ou chanson).
2. **lestes :** osés, qui offensent la pudeur.
3. **embrasure :** ouverture pratiquée dans un mur pour y placer une porte ou une fenêtre.
4. **quelque malheur du genre :** l'impossibilité d'accomplir son devoir conjugal… La citation est empruntée à Mme de Sévigné (lettre à sa fille, Mme de Grignan, 8 avril 1671).

Il avait la voix entrecoupée. Je le crus tout à fait ivre.

« Vous savez bien, mon anneau ? poursuivit-il après un silence.

– Eh bien ! on l'a pris ?

– Non.

– En ce cas, vous l'avez ?

– Non… je… je ne puis l'ôter du doigt de cette diable de Vénus.

– Bon ! vous n'avez pas tiré assez fort.

– Si fait… Mais la Vénus… elle a serré le doigt. »

Il me regardait fixement d'un air hagard, s'appuyant à l'espagnolette[1] pour ne pas tomber.

« Quel conte ! lui dis-je. Vous avez trop enfoncé l'anneau. Demain vous l'aurez avec des tenailles. Mais prenez garde de gâter la statue.

– Non, vous dis-je. Le doigt de la Vénus est retiré, reployé ; elle serre la main, m'entendez-vous ?… C'est ma femme, apparemment, puisque je lui ai donné mon anneau… Elle ne veut plus le rendre. »

J'éprouvai un frisson subit, et j'eus un instant la chair de poule. Puis, un grand soupir qu'il fit m'envoya une bouffée de vin, et toute émotion disparut.

Le misérable, pensai-je, est complètement ivre.

« Vous êtes antiquaire, monsieur, ajouta le marié d'un ton lamentable ; vous connaissez ces statues-là… Il y a peut-être quelque ressort, quelque diablerie[2], que je ne connais point… Si vous alliez voir ?

– Volontiers, dis-je. Venez avec moi.

– Non, j'aime mieux que vous y alliez seul. »

Je sortis du salon.

NOTES

1. espagnolette : système à poignée tournante servant à fermer les fenêtres.

2. diablerie : mécanisme ou machination diabolique.

hachette-educ.fr/a/8342631-04
Extrait 4 : lignes 828 à 1049

Le temps avait changé pendant le souper, et la pluie commençait à tomber avec force. J'allais demander un parapluie, lorsqu'une réflexion m'arrêta. Je serais un bien grand sot, me dis-je, d'aller vérifier ce que m'a dit un homme ivre ! Peut-être, d'ailleurs, a-t-il voulu me faire quelque méchante plaisanterie pour apprêter à rire à ces honnêtes provinciaux ; et le moins qu'il puisse m'en arriver, c'est d'être trempé jusqu'aux os et d'attraper un bon rhume.

De la porte je jetai un coup d'œil sur la statue ruisselante d'eau, et je montai dans ma chambre sans rentrer dans le salon. Je me couchai ; mais le sommeil fut long à venir. Toutes les scènes de la journée se représentaient à mon esprit. Je pensais à cette jeune fille si belle et si pure abandonnée à un ivrogne brutal. Quelle odieuse chose, me disais-je, qu'un mariage de convenance[1] ! Un maire revêt une écharpe tricolore, un curé une étole, et voilà la plus honnête fille du monde livrée au Minotaure[2] ! Deux êtres qui ne s'aiment pas, que peuvent-ils se dire dans un pareil moment, que deux amants achèteraient au prix de leur existence ? Une femme peut-elle jamais aimer un homme qu'elle aura vu grossier une fois ? Les premières impressions ne s'effacent pas, et j'en suis sûr, ce M. Alphonse méritera bien d'être haï…

Durant mon monologue, que j'abrège beaucoup, j'avais entendu force allées et venues dans la maison, les portes s'ouvrir et se fermer, des voitures partir ; puis il me semblait avoir entendu sur l'escalier les pas légers de plusieurs femmes se dirigeant vers l'extrémité du corridor opposé à ma chambre. C'était probablement le cortège de la mariée qu'on menait au lit. Ensuite on avait redescendu l'escalier. La porte de madame

NOTES

1. **mariage de convenance :** mariage de raison.
2. **Minotaure :** monstre au corps d'homme et à la tête de taureau, né de Pasiphaé, reine de Crète, et d'un taureau. Le roi Minos l'avait fait enfermer dans un labyrinthe conçu par Dédale. Chaque année sept garçons et sept filles d'Athènes devaient lui être livrés en pâture.

de Peyrehorade s'était fermée. Que cette pauvre fille, me dis-je, doit être troublée et mal à son aise ! Je me tournais dans mon lit de mauvaise humeur. Un garçon[1] joue un sot rôle dans une maison où s'accomplit un mariage.

Le silence régnait depuis quelque temps lorsqu'il fut troublé par des pas lourds qui montaient l'escalier. Les marches de bois craquèrent fortement.

« Quel butor[2] ! m'écriai-je. Je parie qu'il va tomber dans l'escalier. »

Tout redevint tranquille. Je pris un livre pour changer le cours de mes idées. C'était une statistique du département, ornée d'un mémoire de M. de Peyrehorade sur les monuments druidiques[3] de l'arrondissement de Prades. Je m'assoupis à la troisième page.

Je dormis mal et me réveillai plusieurs fois. Il pouvait être cinq heures du matin, et j'étais éveillé depuis plus de vingt minutes lorsque le coq chanta. Le jour allait se lever. Alors j'entendis distinctement les mêmes pas lourds, le même craquement de l'escalier que j'avais entendus avant de m'endormir. Cela me parut singulier[4]. J'essayai, en bâillant, de deviner pourquoi M. Alphonse se levait si matin. Je n'imaginais rien de vraisemblable. J'allais refermer les yeux lorsque mon attention fut de nouveau excitée par des trépignements étranges auxquels se mêlèrent bientôt le tintement des sonnettes et le bruit de portes qui s'ouvraient avec fracas, puis je distinguai des cris confus.

Mon ivrogne aura mis le feu quelque part ! pensais-je en sautant à bas de mon lit.

NOTES

1. garçon : célibataire.
2. butor : homme grossier (par allusion au cri de cet oiseau qui est une sorte de beuglement puissant).
3. druidiques : relatifs aux druides ; sans doute s'agit-il de menhirs ou de dolmens gaulois.
4. singulier : étonnant, étrange.

Je m'habillai rapidement et j'entrai dans le corridor. De l'extrémité opposée partaient des cris et des lamentations, et une voix déchirante dominait toutes les autres : « Mon fils ! mon fils ! » Il était évident qu'un malheur était arrivé à M. Alphonse. Je courus à la chambre nuptiale : elle était pleine de monde. Le premier spectacle qui frappa ma vue fut le jeune homme à demi vêtu, étendu en travers sur le lit dont le bois était brisé. Il était livide[1], sans mouvement. Sa mère pleurait et criait à côté de lui. M. de Peyrehorade s'agitait, lui frottait les tempes avec de l'eau de Cologne ou lui mettait des sels[2] sous le nez. Hélas ! depuis longtemps son fils était mort. Sur un canapé, à l'autre bout de la chambre, était la mariée, en proie à d'horribles convulsions. Elle poussait des cris inarticulés, et deux robustes servantes avaient toutes les peines du monde à la contenir.

« Mon Dieu ! m'écriai-je, qu'est-il donc arrivé ? »

Je m'approchai du lit et soulevai le corps du malheureux jeune homme ; il était déjà raide et froid. Ses dents serrées et sa figure noircie exprimaient les plus affreuses angoisses. Il paraissait assez que sa mort avait été violente et son agonie[3] terrible. Nulle trace de sang cependant sur ses habits. J'écartai sa chemise et vis sur sa poitrine une empreinte livide qui se prolongeait sur les côtes et le dos. On eût dit qu'il avait été étreint dans un cercle de fer. Mon pied posa sur quelque chose de dur qui se trouvait sur le tapis ; je me baissai et vis la bague de diamants.

J'entraînai M. de Peyrehorade et sa femme dans leur chambre ; puis j'y fis porter la mariée. « Vous avez encore une fille, leur dis-je, vous lui devez vos soins. » Alors je les laissai seuls.

Il ne me paraissait pas douteux que M. Alphonse n'eût été victime d'un assassinat dont les auteurs avaient trouvé moyen

NOTES

1. livide : très pâle.
2. sels : sels volatils qu'on donnait autrefois à une personne évanouie pour la ranimer.
3. agonie : période de transition entre la vie et la mort.

de s'introduire la nuit dans la chambre de la mariée. Ces meurtrissures à la poitrine, leur direction circulaire m'embarrassaient beaucoup pourtant, car un bâton ou une barre de fer n'aurait pu les produire. Tout d'un coup je me souvins d'avoir entendu dire qu'à Valence[1] des braves[2] se servaient de longs sacs de cuir remplis de sable fin pour assommer les gens dont on leur avait payé la mort. Aussitôt je me rappelai le muletier aragonais et sa menace; toutefois j'osais à peine penser qu'il eût tiré une si terrible vengeance d'une plaisanterie légère.

J'allais dans la maison, cherchant partout des traces d'effraction, et n'en trouvant nulle part. Je descendis dans le jardin pour voir si les assassins avaient pu s'introduire de ce côté; mais je ne trouvai aucun indice certain. La pluie de la veille avait d'ailleurs tellement détrempé le sol, qu'il n'aurait pu garder d'empreinte bien nette. J'observai pourtant quelques pas profondément imprimés dans la terre; il y en avait dans deux directions contraires, mais sur une même ligne, partant de l'angle de la haie contiguë[3] au jeu de paume et aboutissant à la porte de la maison. Ce pouvaient être les pas de M. Alphonse lorsqu'il était allé chercher son anneau au doigt de la statue. D'un autre côté, la haie, en cet endroit, étant moins fourrée qu'ailleurs, ce devait être sur ce point que les meurtriers l'auraient franchie. Passant et repassant devant la statue, je m'arrêtai un instant pour la considérer. Cette fois, je l'avouerai, je ne pus contempler sans effroi son expression de méchanceté ironique; et, la tête toute pleine des scènes horribles dont je venais d'être le témoin, il me sembla voir une divinité infernale applaudissant au malheur qui frappait cette maison.

Je regagnai ma chambre et j'y restai jusqu'à midi. Alors je sortis et demandai des nouvelles de mes hôtes. Ils étaient un peu

NOTES

1. Valence : port d'Espagne.
2. braves : de l'italien *bravi*; assassins à gages, bandits.
3. contiguë : attenante à, proche de.

plus calmes. Mademoiselle de Puygarrig, je devrais dire la veuve de M. Alphonse, avait repris connaissance. Elle avait même parlé au procureur du roi[1] de Perpignan, alors en tournée à Ille, et ce magistrat avait reçu sa déposition[2]. Il me demanda la mienne. Je lui dis ce que je savais, et ne lui cachai pas mes soupçons contre le muletier aragonais. Il ordonna qu'il fût arrêté sur-le-champ.

« Avez-vous appris quelque chose de madame Alphonse ? » demandai-je au procureur du roi, lorsque ma déposition fut écrite et signée.

« Cette malheureuse jeune personne est devenue folle, me dit-il en souriant tristement. Folle ! tout à fait folle. Voici ce qu'elle conte :

« Elle était couchée, dit-elle, depuis quelques minutes, les rideaux tirés[3], lorsque la porte de sa chambre s'ouvrit, et quelqu'un entra. Alors madame Alphonse était dans la ruelle[4] du lit, la figure tournée vers la muraille. Elle ne fit pas un mouvement, persuadée que c'était son mari. Au bout d'un instant, le lit cria comme s'il était chargé d'un poids énorme. Elle eut grand'peur, mais n'osa pas tourner la tête. Cinq minutes, dix minutes peut-être… elle ne peut se rendre compte du temps, se passèrent de la sorte. Puis elle fit un mouvement involontaire, ou bien la personne qui était dans le lit en fit un, et elle sentit le contact de quelque chose de froid comme la glace, ce sont ses expressions. Elle s'enfonça dans la ruelle, tremblant de tous ses membres. Peu après, la porte s'ouvrit une seconde fois, et quelqu'un entra, qui dit : “Bonsoir, ma petite femme.” Bientôt après on tira les rideaux. Elle entendit un cri étouffé. La

NOTES

1. **procureur du roi :** magistrat, représentant de la justice.
2. **déposition :** déclaration faite sous la foi du serment.
3. **rideaux tirés :** ce sont les rideaux du lit.
4. **ruelle :** espace laissé entre le lit et le mur. Cela signifie que Mme Alphonse est couchée sur le côté du lit qui donne sur la ruelle.

personne qui était dans le lit, à côté d'elle, se leva sur son séant[1] et parut étendre les bras en avant. Elle tourna la tête alors… et vit, dit-elle, son mari à genoux auprès du lit, la tête à la hauteur de l'oreiller, entre les bras d'une espèce de géant verdâtre qui l'étreignait avec force. Elle dit, et m'a répété vingt fois, pauvre femme !… elle dit qu'elle a reconnu… devinez-vous ? La Vénus de bronze, la statue de M. de Peyrehorade… Depuis qu'elle est dans le pays, tout le monde en rêve. Mais je reprends le récit de la malheureuse folle. À ce spectacle, elle perdit connaissance, et probablement depuis quelques instants elle avait perdu la raison. Elle ne peut en aucune façon dire combien de temps elle demeura évanouie. Revenue à elle, elle revit le fantôme, ou la statue, comme elle dit toujours, immobile, les jambes et le bas du corps dans le lit, le buste et les bras étendus en avant, et entre ses bras son mari, sans mouvement. Un coq chanta. Alors la statue sortit du lit, laissa tomber le cadavre et sortit. Madame Alphonse se pendit à la sonnette, et vous savez le reste. »

On amena l'Espagnol ; il était calme, et se défendit avec beaucoup de sang-froid et de présence d'esprit. Du reste, il ne nia pas le propos que j'avais entendu ; mais il l'expliquait, prétendant qu'il n'avait voulu dire autre chose, sinon que le lendemain, reposé qu'il serait, il aurait gagné une partie de paume à son vainqueur. Je me rappelle qu'il ajouta :

« Un Aragonais, lorsqu'il est outragé, n'attend pas au lendemain pour se venger. Si j'avais cru que M. Alphonse eût voulu m'insulter, je lui aurais sur-le-champ donné de mon couteau dans le ventre. »

On compara ses souliers avec les empreintes de pas dans le jardin ; ses souliers étaient beaucoup plus grands.

NOTE 1. se leva sur son séant : passa de la position allongée à la position assise.

Enfin l'hôtelier chez qui cet homme était logé assura qu'il avait passé toute la nuit à frotter et à médicamenter un de ses mulets qui était malade.

D'ailleurs cet Aragonais était un homme bien famé[1], fort connu dans le pays, où il venait tous les ans pour son commerce. On le relâcha donc en lui faisant des excuses.

J'oubliais la déposition d'un domestique qui le dernier avait vu M. Alphonse vivant. C'était au moment qu'il allait monter chez sa femme, et, appelant cet homme, il lui demanda d'un air d'inquiétude s'il savait où j'étais. Le domestique répondit qu'il ne m'avait point vu. Alors M. Alphonse fit un soupir et resta plus d'une minute sans parler, puis il dit : *Allons ! le diable l'aura emporté aussi !*

Je demandai à cet homme si M. Alphonse avait sa bague de diamants lorsqu'il lui parla. Le domestique hésita pour répondre ; enfin il dit qu'il ne le croyait pas, qu'il n'y avait fait au reste aucune attention. « S'il avait eu cette bague au doigt, ajouta-t-il en se reprenant, je l'aurais sans doute remarquée, car je croyais qu'il l'avait donnée à madame Alphonse. »

En questionnant cet homme je ressentis un peu de la terreur superstitieuse que la déposition de madame Alphonse avait répandue dans toute la maison. Le procureur du roi me regarda en souriant, et je me gardai bien d'insister.

Quelques heures après les funérailles de M. Alphonse, je me disposai à quitter Ille. La voiture de M. de Peyrehorade devait me conduire à Perpignan. Malgré son état de faiblesse, le pauvre vieillard voulut m'accompagner jusqu'à la porte de son jardin. Nous la traversâmes en silence, lui se traînant à peine, appuyé sur mon bras. Au moment de nous séparer, je jetai un dernier regard sur la Vénus. Je prévoyais bien que mon hôte, quoiqu'il ne partageât point les terreurs et les haines qu'elle inspirait à

NOTE
1. **bien famé :** de bonne réputation.

une partie de sa famille, voudrait se défaire d'un objet qui lui rappellerait sans cesse un malheur affreux. Mon intention était de l'engager à la placer dans un musée.

J'hésitais pour entrer en matière, quand M. de Peyrehorade tourna machinalement la tête du côté où il me voyait regarder fixement. Il aperçut la statue et aussitôt fondit en larmes. Je l'embrassai, et, sans oser lui dire un seul mot, je montai dans la voiture.

Depuis mon départ je n'ai point appris que quelque jour nouveau soit venu éclairer cette mystérieuse catastrophe.

M. de Peyrehorade mourut quelques mois après son fils. Par son testament il m'a légué ses manuscrits, que je publierai peut-être un jour. Je n'y ai point trouvé le mémoire relatif aux inscriptions de la Vénus.

P.-S. Mon ami M. de P. vient de m'écrire de Perpignan que la statue n'existe plus. Après la mort de son mari, le premier soin de madame de Peyrehorade fut de la faire fondre en cloche, et sous cette nouvelle forme elle sert à l'église d'Ille. Mais, ajoute M. de P., il semble qu'un mauvais sort poursuive ceux qui possèdent ce bronze. Depuis que cette cloche sonne à Ille, les vignes ont gelé deux fois.

As-tu bien lu ?

Questions sur les pages 53 à 69

AS-TU BIEN COMPRIS ?

1 Pourquoi Alphonse s'engage-t-il dans une partie de jeu de paume le matin même de son mariage?

2 Alphonse réussit-il la première balle? Pourquoi, selon lui? Quelle solution trouve-t-il?

3 Quels sont les mots de l'Aragonais à la fin du match?

4 Comment le narrateur explique-t-il l'humiliation éprouvée par le joueur espagnol après sa défaite?

5 Quel objet Alphonse oublie-t-il quand il part précipitamment s'habiller pour son mariage? Où, quand et par qui cet objet est-il retrouvé?

6 Parmi les personnages suivants, lesquels sont envisagés comme pouvant avoir assassiné Alphonse? Avec quelle arme et quel mobile?

Mademoiselle de Puygarrig – le narrateur – la statue – l'Aragonais

7 Que devient la statue à la fin du récit?

- ❑ Elle est placée dans un musée.
- ❑ Elle est à nouveau enterrée sous un olivier.
- ❑ Elle est fondue en cloche.

8 Quel dernier méfait pourrait être imputé à la Vénus?

ÉTUDIE LE DÉNOUEMENT

9 Que raconte Alphonse au narrateur lorsqu'il le prend à part à la fin du dîner de noce chez les Peyrehorade page 60? Que pense le narrateur de ses propos?

10 Pourquoi le narrateur ne va-t-il pas voir la statue après le dîner comme Alphonse l'y invite? Quel rôle sa décision joue-t-elle dans le maintien de l'hésitation propre au fantastique?

11 Résume, en quelques phrases, le récit que la femme d'Alphonse fait du meurtre de son mari. Ce récit est-il fait directement au narrateur ? En quoi est-ce important ?

12 Relève une phrase qui compare l'Aragonais à la statue et une autre qui rapproche cette dernière de la fiancée d'Alphonse. En quoi ces rapprochements contribuent-ils à expliquer la mort d'Alphonse ? Le doute est-il levé ?

ÉTUDIE LA LANGUE

13 **Grammaire.** Pages 66-67, lignes 968 à 975 : quels sont les différents temps verbaux employés dans ce passage ? Justifie leur emploi.

14 **Grammaire.** Pages 66-67, lignes 968 à 975 : en excluant «*elle*», relève les **pronoms** en indiquant qui ils désignent. Précise leur classe grammaticale et leur fonction.

Les principaux pronoms

- On distingue différentes catégories de pronoms : les pronoms **personnels** *(je, tu, me, eux, lui, te, le, la...)* ; les pronoms **démonstratifs** *(celui, celle, ce...)* ; les pronoms **possessifs** *(le mien, le sien, les leurs...)* ; les pronoms **indéfinis** *(tout, chacun...)* ; les pronoms **relatifs** *(qui, que, dont, lequel...)* ; les pronoms **interrogatifs** *(qui, quoi, lesquels...)*.
- Les pronoms sont le plus souvent des substituts (c'est-à-dire des remplaçants).

15 **Lexique.** Page 69, «*Je n'y ai point trouvé le mémoire relatif aux inscriptions de la Vénus*» : emploie le mot *mémoire* dans une phrase où il aura un genre et un sens différents.

À TOI DE JOUER

Imagine que le narrateur décide finalement d'aller récupérer la bague, comme Alphonse le lui a demandé. Mais celle-ci a disparu. Écris un autre dénouement à l'histoire en maintenant jusqu'au bout l'hésitation propre au fantastique.

FAIS LE BILAN !

1 Combien de jours s'écoulent entre…

a) …l'arrivée du narrateur et le dîner de mariage? ....

b) …le débat sur les inscriptions et la partie de jeu de paume? ....

2 Relie chaque réplique au personnage qui l'a prononcée.

« C'est une idole, vous dis-je ; on le voit bien à son air. » •	• Mme de Peyrehorade
« C'est donc toi qui as cassé la jambe à Jean Coll ! Si tu étais à moi, je te casserais le cou. » •	• Alphonse
« Chef-d'œuvre ! chef-d'œuvre ! un beau chef-d'œuvre qu'elle a fait ! casser la jambe d'un homme ! » •	• l'Aragonais
« Vendredi ! […], c'est le jour de Vénus ! Bon jour pour un mariage ! » •	• un des deux polissons
« Ah ! comme je m'en suis donné quand j'étais à Paris, il y a deux ans ! » •	• le procureur
« C'est une jolie bague, […] mais ces diamants ajoutés lui ont fait perdre un peu de son caractère. » •	• M. de Peyrehorade
« Me lo pagarás. » •	• le guide
« Cette malheureuse jeune personne est devenue folle […]. Folle ! tout à fait folle. » •	• le narrateur

3 Vrai ou faux ?

a) Les Peyrehorade sont une riche famille d'Ille. ❑ vrai ❑ faux

b) Alphonse a 26 ans. ❑ vrai ❑ faux

c) Mademoiselle de Puygarrig a 25 ans. ❑ vrai ❑ faux

d) Mademoiselle de Puygarrig est orpheline. ❑ vrai ❑ faux

e) L'anneau tout simple qu'Alphonse porte est un cadeau d'une de ses conquêtes parisiennes. ❑ vrai ❑ faux

f) La statue aurait voulu punir Alphonse en agressant sa femme. ❑ vrai ❑ faux

4 Complète ce tableau qui présente les deux interprétations possibles des faits problématiques.

Faits problématiques	Interprétation réaliste	Interprétation surnaturelle
La jambe de Jean Coll est écrasée.	La statue en bronze est très lourde.	La statue a volontairement blessé Jean Coll.
Les polissons qui ont jeté une pierre sur la statue la reçoivent en retour.		
Alphonse dit ne pas pouvoir retirer sa bague du doigt de la statue.		
Alphonse est assassiné.		
Les vignes ont gelé deux fois.		

5 Complète la définition du fantastique.

« L'intrusion du .... dans un cadre .... est la principale caractéristique du .... Le lecteur .... entre deux interprétations des événements. »

Alphonse fait une pause pendant la partie de paume et passe sa bague au doigt de la Vénus.

Dossier Bibliocollège

1 L'ŒUVRE EN UN COUP D'ŒIL

1 Composée entre octobre 1835 et avril 1837, *La Vénus d'Ille* est publiée dans le numéro du **15 mai 1837** de la *Revue des Deux Mondes*.

2 Nommé inspecteur général des Monuments historiques le 27 mai 1834, Mérimée effectue sa première tournée d'inspection au cours de l'été. Ses ***Notes d'un voyage dans le Midi de la France,*** à partir desquelles il écrit *La Vénus d'Ille*, sont publiées en 1835.

3 *La Vénus d'Ille* est une **nouvelle fantastique :** le cadre initial est réaliste, mais la statue qui donne son nom à la nouvelle est à l'origine d'événements étranges qui peuvent recevoir **aussi bien une explication rationnelle qu'une explication surnaturelle.**

4 De toutes ses nouvelles, *La Vénus d'Ille* est celle que Prosper Mérimée préférait. Elle a aussi été perçue d'emblée par les lecteurs comme un **chef-d'œuvre.**

STRUCTURE DE L'ŒUVRE

Le déroulement des événements, dans une nouvelle fantastique, suit une **progression logique jusqu'à la chute finale**.

Étapes du schéma narratif	Dans *La Vénus d'Ille*
Situation initiale présente le cadre de l'histoire et les personnages	Le narrateur, archéologue, se rend chez M. de Peyrehorade, dont le fils, Alphonse, doit se marier le lendemain.
Élément perturbateur (ou déclencheur) permet le déroulement du récit en modifiant la situation initiale	Le narrateur apprend qu'on vient de découvrir une statue de Vénus d'époque romaine, en bronze, qui serait dotée d'un pouvoir maléfique.
Péripéties permettent au récit de progresser et mettent en œuvre le fantastique	• Le lendemain, le narrateur assiste à une partie de jeu de paume à laquelle participe Alphonse. Gêné par sa bague de diamants destinée à sa fiancée, ce dernier la passe au doigt de la statue. • Alphonse gagne la partie contre les muletiers espagnols qui promettent une revanche. • Au cours de la cérémonie de mariage, Alphonse se rend compte qu'il a oublié de reprendre la bague à la statue. • Durant la nuit, le narrateur perçoit des pas lourds dans l'escalier.
Élément de résolution clôt la série de péripéties en débouchant sur une conclusion logique ; cet événement a deux interprétations possibles : l'une rationnelle, l'autre non	• Au matin, on découvre le corps sans vie d'Alphonse. Sur le sol gît la bague de diamants. • Les soupçons se portent d'abord sur les muletiers espagnols. • Mais, selon le témoignage de Mme Alphonse, l'auteur du crime serait la statue de Vénus.
Situation finale établit un nouvel équilibre	• Quelques mois plus tard, M. de Peyrehorade meurt à son tour. • La statue est fondue pour devenir une cloche d'église. Depuis sa mise en service, les vignes ont gelé deux fois.

2 LES PERSONNAGES DE L'ŒUVRE

L'atmosphère fantastique de la nouvelle repose, en partie, sur la multiplication des points de vue : un narrateur parisien cultivé, un riche provincial passionné, des villageois naïfs… La diversité des personnages invite le lecteur à se positionner par rapport à ces regards rationnels ou irrationnels.

LES PERSONNAGES PRINCIPAUX

LA VÉNUS

Une mystérieuse statue romaine

Statue de bronze découverte sous un olivier qui avait gelé, elle est d'une beauté parfaite mais étrange. S'ils ne sont pas d'accord sur le sens à donner aux inscriptions qui y sont gravées, M. de Peyrehorade et le narrateur la datent tous deux de l'époque romaine. Une série d'événements laisse à penser qu'elle serait maléfique : olivier gelé, jambe cassée, pierre renvoyée sur la tête d'un vandale, bague retenue, mort d'Alphonse, vignes qui gèlent deux années de suite… À chaque fois coexistent deux interprétations des situations : l'une rationnelle et l'autre surnaturelle.

LE NARRATEUR

Un témoin rationnel et posé

Savant spécialisé dans les monuments antiques, il ressemble à Prosper Mérimée lui-même. Lors d'un séjour destiné à découvrir les richesses anciennes de la région d'Ille, le savant est amené à énoncer son point de vue sur la statue de Vénus découverte par M. de Peyrehorade. Il se montre posé et réfléchi, capable de maîtriser ses émotions (agacement, envie de rire, compassion). À chaque événement lié à la statue, il propose une explication rationnelle, mais, à la fin du récit, on devine chez lui un certain doute.

LA FAMILLE PEYREHORADE

MONSIEUR DE PEYREHORADE

Un homme cultivé et passionné

Depuis que ce passionné d'antiquités a trouvé dans son jardin une magnifique statue, il semble avoir perdu la raison, pensant davantage à sa Vénus qu'au mariage de son fils. Il s'avère incapable d'écouter les explications sensées du narrateur quant aux inscriptions sur la statue. Son enthousiasme et son obstination font de lui un personnage ridicule.

MADAME DE PEYREHORADE

Une parfaite maîtresse de maison

L'épouse de M. de Peyrehorade est présentée comme *« uniquement occupée des soins de son ménage »*. Soucieuse de bien accueillir le narrateur dont elle redoute un mépris dû à sa qualité de Parisien, elle fait servir des repas pantagruéliques. Elle se montre superstitieuse lorsqu'il est question du mariage d'Alphonse un vendredi. Elle aurait aimé que la statue soit, dès sa découverte, fondue en cloche pour l'église, ce qui sera effectué après la mort de son fils.

ALPHONSE DE PEYREHORADE

Un jeune homme prétentieux

Fils unique des Peyrehorade, Alphonse, peu sympathique, déconcerte : le corps athlétique d'un joueur de paume catalan avec des *« mains de laboureur »* mais des vêtements de dandy parisien. Le jeune homme est attaché à l'argent, aux apparences, à son propre plaisir. Il ne se soucie pas de sa fiancée qu'il épouse uniquement parce qu'elle vient de toucher un héritage. Il n'est pas superstitieux mais raconte, sous l'emprise de l'alcool, que la statue se considère comme son épouse.

LES HABITANTS D'ILLE

LE GUIDE

Un villageois superstitieux

Après avoir montré les monuments de la région au narrateur, le guide l'accompagne chez M. de Peyrehorade et lui raconte la découverte de la statue. Il n'est présent que dans les premières pages de la nouvelle, ce qui permet une entrée *in medias res*, vivante et efficace. La statue est, selon lui, maléfique.

JEAN COLL

La première victime de la statue

Partenaire d'Alphonse au jeu de paume, il est victime d'un accident lorsqu'il aide à dégager la statue dont il a découvert la présence sous l'olivier. Ayant eu une jambe écrasée sous le bronze, il ne pourra plus marcher comme avant. On ne le voit pas directement dans le récit ; c'est le guide qui raconte ce qui lui est arrivé.

LES DEUX « POLISSONS »

De jeunes villageois superstitieux

Ils représentent les habitants d'Ille et expriment leur avis sur la statue. Persuadés que cette dernière est responsable de l'accident de Jean Coll, ils cherchent à venger leur ami en lui lançant une pierre. Mais celui qui a visé la statue reçoit le caillou en retour, ce qui amuse le narrateur à sa fenêtre et intrigue le lecteur confronté à un deuxième incident étrange.

LES AUTRES PERSONNAGES SECONDAIRES

L'ARAGONAIS

Un excellent joueur de paume espagnol

Le narrateur, en voyant le joueur de paume lancer la première balle que va manquer Alphonse, suppose qu'il est le chef de l'équipe des Espagnols. Il est présenté comme grand, *« sec et nerveux »*, doté d'*« une force surprenante »*. La teinte olivâtre de sa peau et la menace qu'il profère après avoir été humilié par Alphonse, *« Me lo pagarás »*, font de lui l'assassin potentiel du jeune marié. Mais ses empreintes ne correspondent pas à celles relevées, son alibi est sûr et sa réputation sans tache.

M. DE P.

Un ami du narrateur

Cet ami du narrateur lui a conseillé de rencontrer M. de Peyrehorade, un homme aussi instruit qu'accueillant, qui pourrait le guider dans sa découverte de la région. Sans savoir que le narrateur allait se trouver dans la famille au moment du mariage du fils unique, il a averti M. de Peyrehorade de sa venue. À la fin de la nouvelle, il apprend au narrateur que la statue a été fondue en cloche.

MADEMOISELLE DE PUYGARRIG

La fiancée, puis l'épouse d'Alphonse

Fiancée à Alphonse, elle l'épouse un vendredi sans que soit organisée une grande fête car elle est en deuil d'une tante dont elle hérite. Alphonse fait d'elle un portrait élogieux mais ne s'intéresse, en réalité, qu'à sa fortune. Le narrateur note sa beauté, sa douceur et sa discrétion ; il éprouve de la compassion pour cette jeune femme sensible et fine, contrainte d'épouser un jeune homme grossier et égoïste.

3 Le genre de l'œuvre

La Vénus d'Ille s'inscrit dans le genre de la nouvelle fantastique. La brièveté du récit permet de maintenir la tension entre une interprétation réaliste et une interprétation surnaturelle des événements racontés.

1 Le genre de la nouvelle

Les origines de la nouvelle

DÉFINITION
La nouvelle est un récit fictif qui s'inscrit dans l'actualité.

La nouvelle est un genre littéraire narratif qui apparaît à la fin du Moyen Âge en France (XVe siècle). Premier recueil en langue française, *Les Cent Nouvelles nouvelles* mettent en scène trente-six narrateurs différents réunis à la cour du roi et qui, lors de la grande peste, racontent des histoires rapportées ou dont ils ont été les témoins. La nouvelle s'inscrit donc dans l'actualité et vise à distraire les auditeurs-lecteurs, sans visée morale obligée, contrairement au conte ou au fabliau.

Les caractéristiques de la nouvelle

DÉFINITION
La nouvelle est un récit bref, comportant peu de personnages et d'actions, terminé par une chute souvent surprenante.

La nouvelle est un récit bref, dont la composition est, le plus souvent, chronologique et centrée sur une action principale, comportant peu de personnages, de descriptions et de dialogues. Elle possède donc une dynamique propre liée à ses moyens : la vitesse du récit valorise les effets dramatiques, jusqu'à la chute finale. De ses origines orales, la nouvelle a, en effet, conservé la nécessité de surprendre le lecteur. Ses effets tiennent davantage à ce qu'elle tait et laisse entendre qu'à ce qu'elle énonce clairement.

Presse et nouvelle au XIXe siècle

La multiplication des journaux, au XIXe siècle, grâce à la publicité qui permet d'en abaisser le prix, joue un rôle essentiel dans le développement du genre de la nouvelle : la presse est, en effet, grande consommatrice de ces récits, qui apportent un contrepoint fictif aux informations diffusées. La plupart des nouvellistes de l'époque – Balzac, Gautier, Maupassant et, bien sûr, Mérimée – ont donc publié leurs nouvelles dans la presse avant de les éditer en recueils.

ZOOM
Au XIXe siècle, la nouvelle littéraire connaît un grand essor grâce au développement de la presse.

2 Le réalisme en France

L'esthétique réaliste

Au XIXe siècle, la nouvelle, comme le roman, veut rendre compte de la réalité sans porter de jugement et étudier les comportements humains en société. En raison de sa brièveté et de sa densité, elle permet de multiplier les études de cas, d'analyser la portée de faits dans des contextes précis, comme dans les nouvelles de Maupassant, de Zola, mais aussi de Mérimée *(Mateo Falcone, Carmen, Colomba)*.

ZOOM
La nouvelle réaliste rend compte du réel avec objectivité, sans porter de jugement.

Le réalisme dans *La Vénus d'Ille*

La nouvelle de Mérimée comporte nombre de traits caractéristiques de l'esthétique réaliste.

L'ancrage historique	Les faits se déroulent dans les années contemporaines de l'écriture.
Le lieu de l'action	La petite ville d'Ille et les paysages pyrénéens contribuent à authentifier la véracité du récit.

La peinture de la société et des mœurs locales	La peinture de la famille Peyrehorade, l'évocation de la dot de la mariée, le récit de la noce et de la partie de jeu de paume participent à l'effet de réel.
Le statut du narrateur	Observateur, témoin, il exerce une profession scientifique (archéologue) garante de son objectivité.

3 L'apparition du fantastique en littérature

L'héritage du roman noir

Parallèlement aux nouvelles réalistes se multiplient, dans la même période, les nouvelles fantastiques, qui apportent un autre éclairage sur la réalité. Elles prolongent et complexifient l'héritage du roman noir, né en Angleterre à la fin du XVIIIe siècle (*Frankenstein* de Mary Shelley), à l'origine du goût des lecteurs pour les créatures fantastiques et l'exploration des limites de l'humain et de la vie. Le souvenir des sombres années de la Terreur pendant la Révolution française a renforcé cette tendance de la littérature à fouiller les peurs les plus profondes de l'être humain.

ZOOM
Comme le roman noir, dont elle est l'héritière, la nouvelle fantastique explore les limites de l'humain et de la vie.

La nouvelle fantastique s'empare donc des motifs du roman noir dans un cadre plus resserré, travaillant sur l'effet à produire sur le lecteur en recourant à la suggestion plutôt qu'à la description.

Les thèmes fantastiques

Le répertoire des motifs fantastiques s'enrichit. Pour produire l'effet de peur sur le lecteur, le récit fantastique introduit, dans un cadre réel rassurant, une perturbation majeure qui laisse imaginer l'existence d'une autre réalité, à caractère surnatu-

ZOOM
Le surnaturel surgit au milieu du quotidien le plus banal, sous des formes variées, pour susciter l'angoisse, la peur.

rel : objets qui s'animent, comme la *Vénus d'Ille* refermant son doigt pour empêcher la restitution de la bague; reflets disparus, comme dans *Le Horla* de Maupassant; morts revenus à la vie, comme dans *Le Pied de momie* de Gautier; créatures démoniaques. Le fantastique permet ainsi d'interroger les peurs les plus profondes de l'être humain : celle de sa mort ou de sa perte d'identité, que l'on retrouve dans le thème du « double » très présent dans *La Vénus d'Ille*, en les inscrivant dans des situations particulièrement violentes, comme en témoigne l'assassinat d'Alphonse.

L'écriture du fantastique

Dans un récit fantastique, un événement peut s'expliquer de manière rationnelle ou surnaturelle. L'effet de peur résulte de l'emploi de certains traits d'écriture, que l'on peut repérer dans *La Vénus d'Ille*.

La composition du récit	• Le surnaturel intervient de façon brutale dans l'univers quotidien (la statue prend vie). • Le récit est semé d'indices de la présence de l'irrationnel (la statue est rendue responsable d'événements accidentels et du refus de rendre la bague).
Le narrateur et le point de vue	Le récit est écrit à la 1re personne (focalisation interne), par un témoin de l'histoire qui raconte les faits et les commente.
La double interprétation	Le narrateur, sceptique, rapporte les propos des autres personnages, qui, eux, sont convaincus de la responsabilité de la statue. Il laisse ainsi l'interprétation du lecteur ouverte.

Le réel mis en question

Le récit fantastique conduit le lecteur à interroger le réel, ses limites, en mettant en doute ses propres perceptions : brouillant les pistes, faisant coexister deux univers contradictoires, sans pou-

ZOOM
Le récit fantastique apparaît comme l'envers du récit réaliste.

DOSSIER BIBLIOCOLLÈGE

voir réduire cette contradiction, le récit conduit souvent les personnages qui en sont victimes non seulement à la peur, mais encore à la folie : l'hallucination ou le rêve apparaissent ainsi souvent comme une explication possible des phénomènes observés.

Le fantastique serait donc essentiellement une question de perception, ce que l'écriture des nouvelles met particulièrement en évidence par l'emploi de la modalisation (conditionnel, exclamation, auxiliaires modaux...), expression du doute qui anime les témoins des faits.

À RETENIR LA NOUVELLE FANTASTIQUE

Définition :	récit court rapportant des faits pouvant s'interpréter aussi bien rationnellement que de façon surnaturelle
Structure :	schéma narratif (situation initiale, élément perturbateur, péripéties, élément de résolution, situation finale)
Personnages :	des personnages croyant au surnaturel et des personnages réalistes, un narrateur dont l'objectivité est garantie
Thèmes :	l'animé/l'inanimé, la mort, le Mal
Intentions de l'auteur :	troubler le lecteur en semant le doute dans son esprit quant aux limites de la réalité
Auteurs-clés :	Gautier, Maupassant, Mérimée, Villiers de L'Isle-Adam, Poe (Américain), Gogol (Russe)

Le narrateur, après que son image a disparu du miroir, aperçoit son reflet au fond de la glace, comme dans une brume. Est-il fou ou bien une créature surnaturelle, le Horla, le hante-t-elle ?

Illustration extraite des *Œuvres complètes* de Guy de Maupassant, Éd. de Paris, 1903 (voir p. 92).

4 L'ŒUVRE DANS L'HISTOIRE DES ARTS

DOC. 1 Statue de femme en bronze, Ier siècle ap. J.-C.

Cette statue de femme en bronze représente, à taille humaine, une danseuse.
Elle provient d'une des villas d'Herculanum, détruite lors de l'éruption du Vésuve en 79 ap. J.-C. et dont les vestiges témoignent de l'art de vivre des Romains sous l'Empire. Contrairement aux statues grecques, les sculptures romaines représentent, la plupart du temps, les corps humains vêtus.

Statue provenant d'Herculanum, ville proche de Pompéi, musée de Naples. Hauteur du bronze : 175 cm.

a. À quoi reconnais-tu que cette statue est en bronze? Observe les yeux : comment sont-ils mis en valeur? quel effet produisent-ils?
b. Quelles impressions la statue suscite-t-elle chez le spectateur? Pourquoi?
c. Quelles caractéristiques partage-t-elle avec la statue de Vénus dans la nouvelle de Mérimée?

DOC. 2 *Deux Hommes contemplant la Lune*, Caspar David Friedrich, v. 1825-1830

Caspar David Friedrich (1774-1840) est le peintre le plus remarquable du romantisme allemand. Si sa représentation de la nature se fonde sur une observation précise, Friedrich affirme que « *le peintre ne doit pas peindre seulement ce qu'il voit en face de lui, mais aussi ce qu'il voit en lui* ». Les hommes sur le tableau sont, à droite, Friedrich lui-même et, appuyé à son épaule, son ami et disciple August Heinrich. Leur fascination pour le paysage éclairé par la Lune est caractéristique du romantisme.
Huile sur toile, 34,9 x 43,8 cm, Metropolitan Museum of Art, New York.

a. En quoi ce paysage peut-il être considéré comme inquiétant ?
b. Quel est l'élément central du tableau ? Quelle place occupent les personnages ? S'agit-il de faire leur portrait ?
c. À quels passages de *La Vénus d'Ille* ce tableau peut-il faire penser ?

DOC. 3 *Le Désespéré*, Gustave Courbet, 1843-1845

Ce tableau, peint entre 1843 et 1845 par Gustave Courbet (1819-1877), est le plus célèbre de ses nombreux autoportraits de jeunesse. L'artiste s'est représenté dans un moment de crise, accentuant l'expression des émotions sur les traits du visage et dans l'attitude. Le choix du format « paysage » (plus large que haut), inhabituel pour un portrait, augmente la sensation d'écrasement qui s'en dégage.

Autoportrait du peintre Gustave Courbet, 45 x 54 cm, musée d'Orsay, collection particulière.

a. Décris l'attitude et l'expression du personnage : quelles émotions traduisent-elles ?

b. Cette représentation te semble-t-elle réaliste ? exagérée ? Justifie ta réponse.

c. De quel personnage de *La Vénus d'Ille* ce tableau pourrait-il être le portrait ? À quel moment du récit ? Explique ton choix.

DOC. 4 *L'Empire des lumières*, René Magritte, 1954

René Magritte (1898-1967) est une des grandes figures du mouvement surréaliste. Au lendemain de la Première Guerre mondiale, ce courant introduit le rêve et l'irrationnel dans un monde trop attaché aux certitudes de la raison. *L'Empire des lumières* est une série de tableaux sur lesquels la représentation réaliste, associée au traitement particulier de la lumière, amène le spectateur à s'interroger sur sa perception du réel.

Huile sur toile, Fondation Peggy-Guggenheim, Venise, Italie.

a. En quoi peut-on dire que le tableau est réaliste ? Décris-le précisément.
b. Quels éléments peuvent troubler le spectateur ?
c. Quelles impressions le spectateur de ce tableau partage-t-il avec le lecteur d'une nouvelle fantastique ?

5 DÉCOUVRE AUSSI…

Si la lecture de *La Vénus d'Ille* t'a plue, découvre l'attrait de l'archéologie et la veine fantastique qui se déploient en littérature comme au cinéma.

AU CINÉMA

Nosferatu (1922) de F.W. Murnau est un chef-d'œuvre du cinéma fantastique qui, sans disposer des effets spéciaux que nous maîtrisons aujourd'hui, continue de toucher le public. La créature maléfique n'est pas une statue mais un châtelain, le comte de Dracula, dont on ne sait pas au départ s'il est ou non un personnage surnaturel.

La Nuit du chasseur (1955) de Charles Laughton est aussi un chef-d'œuvre. Le choix de l'intrigue policière, du personnage ambigu du pasteur, le jeu des enfants créent, entre réel et surnaturel, une atmosphère que le choix du noir et blanc, ainsi que la musique lancinante, viennent souligner.

Les Autres (2001) de Alejandro Amenábar : une maison isolée, l'obscurité, d'étranges phénomènes. Le film a su créer une atmosphère inquiétante !

DES NOUVELLES FANTASTIQUES

Le Horla (1887) de Maupassant (voir p. 87) maintient jusqu'au bout l'hésitation propre au genre : le narrateur est-il fou ou bien une créature surnaturelle est-elle présente à ses côtés ?

Véra (1874) de Villiers de L'Isle Adam trouble le lecteur en le laissant imaginer qu'une jeune femme morte puisse revenir près de son époux.

La Cafetière (1831) de Théophile Gautier renoue avec le mythe de l'œuvre d'art vivante, de même qu'Edgar Poe avec ***Le Portrait ovale*** (1842).

L'idée que l'homme soit capable de donner vie à l'inanimé, non par l'art mais par la technique, est au cœur de ***Frankenstein*** (1818) de Mary Shelley et du ***Château des Carpathes*** (1892) de Jules Verne.

SUR INTERNET

Sur **https://www.louvre.fr/louvreplus/video-la-venus-surgie-de-terre** et **https://www.louvre.fr/louvreplus/video-la-venus-de-milo-par-ludovic-laugier**, découvre l'histoire de la *Vénus de Milo*, une sculpture trouvée dans son jardin par un paysan grec. Installée au Louvre en 1821, cette Vénus est une des œuvres majeures du musée. Peut-être Mérimée a-t-il pensé à elle en imaginant sa nouvelle ?

Sur la page **https://www.mariellebrie.com/histoire-des-yeux-en-pierre-des-sculptures-antiques/** de Marielle Brie, historienne de l'art, tu trouveras des informations à propos des yeux en pierre des statues antiques.

EN BANDE DESSINÉE

Narcisse et Pygmalion (2021) de Clotilde Bruneau. Cet album paru chez Glénat raconte, en deuxième partie, le mythe qui est une des sources de la nouvelle de Mérimée.

La Vénus rend visite à Alphonse
lors de sa nuit de noces.

GROUPEMENT DE TEXTES

LA FICTION POUR INTERROGER LE RÉEL

Réalité ou illusion ?

L'art copie, interprète, dépasse la réalité, et trouble ainsi nos perceptions en rendant perméable la frontière entre le réel et l'illusion.

Pour le spectateur, les statues et les tableaux semblent prendre vie. Le modèle, imaginaire ou réel, mort ou vivant, acquiert un pouvoir extraordinaire : celui de faire croire à son existence réelle. Le spectateur, selon les époques, oscille entre doute, joie, inquiétude et peur.

Dans l'univers de la mythologie, la frontière entre réalité et illusion disparaît : le sculpteur Pygmalion crée une statue qui a les apparences de la vie, tout comme la Vénus d'Ille ; mais, ici, l'intervention de Vénus donne réalité aux apparences.

Face à la statue du Commandeur, qui incarne l'une de ses victimes, Don Juan adopte une attitude de défi, tandis que son serviteur Sganarelle cède à l'épouvante. Le motif de la statue meurtrière s'impose ici, sans laisser place au doute.

La puissance de suggestion du portrait est au cœur des récits fantastiques de Gogol et Poe. À la faveur de la nuit, les spectateurs, tout comme les habitants de la maison Peyrehorade, éprouvent inquiétude ou terreur, sans savoir s'ils sont victimes d'un phénomène surnaturel ou d'une illusion.

DOC. 1 Ovide, *Les Métamorphoses*

Au Ier siècle ap. J.-C., le poète latin Ovide raconte, dans *Les Métamorphoses*, les légendes héritées de la mythologie grecque qui expliquent la raison d'être du monde. L'histoire du sculpteur Pygmalion, qui tomba amoureux de la statue qu'il avait créée et obtint de Vénus qu'elle lui donnât vie, illustre le pouvoir de l'art et de l'amour, capables de vaincre l'obstacle de la matière.

Cependant, grâce à une habileté merveilleuse, il réussit à sculpter dans l'ivoire blanc comme la neige un corps de femme d'une telle beauté que la nature n'en peut créer de semblable et il devint amoureux de son œuvre. C'est une vierge qui a toutes les apparences de la réalité : on dirait qu'elle est vivante et que, sans la pudeur qui la retient, elle voudrait se mouvoir; tant l'art se dissimule à force d'art. Émerveillé, Pygmalion s'enflamme pour cette image; souvent il approche ses mains du chef-d'œuvre pour s'assurer si c'est là de la chair ou de l'ivoire et il ne peut encore convenir[1] que ce soit de l'ivoire. Il donne des baisers à sa statue et il s'imagine qu'elle les rend; il lui parle, il la serre dans ses bras; il se figure que la chair cède au contact de ses doigts et il craint qu'il ne laisse une empreinte livide sur les membres qu'ils ont pressés; tantôt il caresse la bien-aimée, tantôt il lui apporte ces cadeaux qui plaisent aux jeunes filles – des coquillages, des cailloux polis, de petits oiseaux, des fleurs de mille couleurs, des lis, des balles peintes, des larmes tombées de l'arbre des Héliades[2] –; il la pare[3] aussi de beaux vêtements; il met à ses doigts des pierres précieuses, à son cou de longs colliers; à ses oreilles pendent des perles légères, sur sa poitrine des chaînettes. Tout lui sied[4] et, nue, elle ne semble pas moins belle. Il la couche sur des tapis teints de la pourpre de Sidon; il l'appelle sa compagne de lit et il pose son cou incliné sur des coussins de plumes moelleuses, comme si elle pouvait y être sensible.

Le jour était venu où Chypre tout entière célébrait avec éclat la fête de Vénus [...]. Pygmalion, debout devant l'autel, dit d'une voix timide : « Ô dieux, si vous pouvez tout accorder, donnez-moi pour épouse, je vous en supplie (il n'ose pas dire : la vierge d'ivoire), une femme semblable à la vierge d'ivoire. » [...] De retour chez lui, l'artiste va vers la statue de la jeune fille; penché sur le lit, il lui donne un baiser; il croit sentir que

GROUPEMENT DE TEXTES

ce corps est tiède. De nouveau il en approche sa bouche, tandis que ses mains tâtent la poitrine; à ce contact, l'ivoire s'attendrit; il perd sa dureté, il fléchit sous ses doigts; il cède; ainsi la cire de l'Hymette s'amollit au soleil; ainsi, façonnée par le pouce, elle prend les formes les plus variées et se prête à de nouveaux services, à force de servir. L'amant reste saisi; il hésite à se réjouir, il craint de se tromper; sa main palpe et palpe encore l'objet de ses désirs; c'était bien un corps vivant; il sent des veines palpiter au contact de son pouce. Alors le héros de Paphos[5] adresse à Vénus de longues actions de grâce.

Ovide, *Les Métamorphoses*, extrait du livre X,
traduit du latin par Georges Lafaye, Gallimard, 1992.

1. convenir : admettre, accepter. **2. larmes tombées de l'arbre des Héliades :** perles d'ambre issues de la métamorphose des larmes versées par les sœurs de Phaéton, les Héliades, métamorphosées en peupliers et en aulnes, à la mort de ce dernier. **3. pare :** habille. **4. sied :** va. **5. le héros de Paphos :** Pygmalion.

a. Quels comportements de Pygmalion montrent qu'il considère la statue comme un être vivant ?
b. Comment la progression de la métamorphose est-elle rendue ? Cite le texte.
c. Penses-tu que le sculpteur est victime d'une illusion ? Justifie ta réponse.

DOC. 2 **Molière, *Dom Juan***

Parmi les comédies de Molière (1622-1673), *Dom Juan* (1665) tient une place particulière, car le personnage principal meurt au dénouement. Don Juan reçoit, en effet, la visite de la statue qui orne le tombeau du Commandeur qu'il a tué avant le début de la pièce et qui, au nom de la justice divine, vient réclamer son dû.

Acte IV, scène 7

Don Juan, Sganarelle, Suite

[...]

Don Juan. Qui peut frapper de cette sorte ?

Sganarelle. Qui diable nous vient troubler dans notre repas ?

Don Juan. Je veux souper en repos au moins, et qu'on ne laisse entrer personne.

Sganarelle. Laissez-moi faire, je m'y en vais moi-même.

Don Juan. Qu'est-ce donc ? Qu'y a-t-il ?

Sganarelle, *baissant la tête comme a fait la statue.* Le... qui est là !

Don Juan. Allons voir, et montrons que rien ne me saurait ébranler[1].

Sganarelle. Ah ! pauvre Sganarelle, où te cacheras-tu ?

Acte IV, scène 8

Don Juan, la Statue du Commandeur,
qui vient se mettre à table, Sganarelle, Suite

Don Juan. Une chaise et un couvert, vite donc. *(À Sganarelle.)* Allons, mets-toi à table.

Sganarelle. Monsieur, je n'ai plus de faim.

Don Juan. Mets-toi là, te dis-je. À boire. À la santé du Commandeur : je te la porte[2], Sganarelle. Qu'on lui donne du vin.

Sganarelle. Monsieur, je n'ai pas soif.

Don Juan. Bois, et chante ta chanson, pour régaler le Commandeur.

Sganarelle. Je suis enrhumé, Monsieur.

Don Juan. Il n'importe. Allons. Vous autres, venez, accompagnez sa voix.

La Statue. Don Juan, c'est assez. Je vous invite à venir demain souper avec moi. En aurez-vous le courage ?

Don Juan. Oui, j'irai, accompagné du seul Sganarelle.

SGANARELLE. Je vous rends grâce ; il est demain jeûne pour moi.

DON JUAN, *à Sganarelle.* Prends ce flambeau.

LA STATUE. On n'a pas besoin de lumière, quand on est conduit par le Ciel.

ACTE V, SCÈNE 6

LA STATUE, DON JUAN, SGANARELLE

LA STATUE. Arrêtez, Don Juan : vous m'avez hier donné parole de venir manger avec moi.

DON JUAN. Oui. Où faut-il aller ?

LA STATUE. Donnez-moi la main.

DON JUAN. La voilà.

LA STATUE. Don Juan, l'endurcissement au péché traîne une mort funeste[3], et les grâces du Ciel que l'on renvoie ouvrent un chemin à sa foudre.

DON JUAN. Ô Ciel ! que sens-je ? Un feu invisible me brûle, je n'en puis plus, et tout mon corps devient un brasier ardent. Ah !

Le tonnerre tombe avec un grand bruit et de grands éclairs sur Don Juan ; la terre s'ouvre et l'abîme ; et il sort de grands feux de l'endroit où il est tombé.

Molière, *Dom Juan*, extraits des dernières scènes des actes IV et V, 1665.

1. ne me saurait ébranler : ne peut me troubler. **2. je te la porte :** je te souhaite une bonne santé.
3. l'endurcissement au péché traîne une mort funeste : l'obstination à commettre de mauvaises actions entraîne la mort.

a. Quel effet l'apparition de la statue provoque-t-elle sur Don Juan ? et sur Sganarelle ?
b. Par qui la statue dit-elle être envoyée ?
c. L'apparition de cette statue relève-t-elle du merveilleux, du surnaturel ou du fantastique (cf. le genre de l'œuvre, p. 82) ? Justifie ta réponse.

DOC. 3 Nikolaï Gogol, « Le Portrait »

Nikolaï ou Nicolas Gogol (1809-1852) est un écrivain russe d'origine ukrainienne. La nouvelle fantastique « Le Portrait », écrite en 1835, témoigne de la fréquentation des milieux artistiques de Pétersbourg[1] par l'écrivain et des interrogations mystiques qui ne cesseront de le hanter tout au long de sa vie. Le narrateur de la nouvelle, un peintre, vient d'acquérir dans une brocante un vieux tableau représentant l'autoportrait de l'artiste. De retour chez lui, il est assailli d'impressions étranges.

Il revint vers le portrait, pour scruter ces deux yeux surprenants, et remarqua avec effroi qu'ils le regardaient. Cela, ce n'était plus une copie de la nature, c'était la vie étrange qui illuminerait le visage d'un cadavre ressorti de sa tombe. Était-ce la lumière de la lune, qui porte toujours le délire du songe et revêt toute chose d'images différentes, contraires au jour positif, ou la cause revenait-elle à quelque chose d'autre, le fait est que, soudain – il ne savait pas pourquoi –, il eut peur de rester seul dans sa chambre. Il s'éloigna doucement du portrait, lui tourna le dos et s'efforça de ne pas le regarder, et pourtant, malgré lui, son œil lui-même, jamais de face, lançait des regards vers lui. Finalement, il eut même peur de marcher dans la chambre ; il avait l'impression que, là, maintenant, il y avait quelqu'un qui marcherait derrière lui, et il n'arrêtait pas de se retourner timidement. Il n'avait jamais été peureux ; mais son imagination et ses nerfs étaient sensibles, et, ce soir-là, il fut incapable de s'expliquer cette peur instinctive. Il s'assit dans un coin, mais, même là, il avait l'impression qu'il y avait quelqu'un qui, là, d'une seconde à l'autre, allait se pencher par-dessus son épaule et le regarder droit dans les yeux. Même le ronflement de Nikita[2], qui résonnait depuis le vestibule, ne chassait pas sa peur. Au bout d'un certain temps, timidement, sans relever les yeux, il se redressa, alla derrière son paravent, et se coucha. À travers les interstices du paravent, il voyait sa chambre éclairée par la lune, et voyait droit devant lui le portrait accroché. Ses yeux s'y fixèrent d'une façon encore plus effrayante, encore plus insistante, et, semblait-il, ne voulaient plus rien regarder d'autre que lui. L'âme oppressée, il se résolut à se lever de son lit, saisit un drap et, s'approchant du portrait, le recouvrit totalement.

Nikolaï Gogol, « Le Portrait » (1835), in *Les Nouvelles de Pétersbourg*, traduit du russe par André Markowicz, coll. « Babel », Actes Sud, 2007.

1. **Pétersbourg :** Saint-Pétersbourg, capitale de l'Empire russe. 2. **Nikita :** prénom du serviteur du narrateur.

a. Quel phénomène étrange le narrateur observe-t-il ? De quelle nature est-il ?
b. Quelle émotion le narrateur éprouve-t-il ? Relève les termes qui la désignent.
c. Quels comportements adopte-t-il successivement pour surmonter cette émotion ?

DOC. 4 Edgar Allan Poe, «Le Portrait ovale»

Edgar Allan Poe (1809-1849) est un écrivain américain, qui fut d'abord connu en France grâce à la traduction de ses poèmes et de ses nouvelles par Charles Baudelaire. Son univers fantastique, souvent hanté par la mort, met en œuvre une logique implacable. Le narrateur du « Portrait ovale » passe la nuit dans un château abandonné. Sur l'un des murs de la chambre qu'il occupe est accroché un portrait.

Le portrait, je l'ai déjà dit, était celui d'une jeune fille. C'était une simple tête, avec des épaules, le tout dans ce style qu'on appelle, en langage technique, style de *vignette* ; beaucoup de la manière de Sully[1] dans ses têtes de prédilection[2]. Les bras, le sein, et même les bouts des cheveux rayonnants se fondaient insaisissablement dans l'ombre vague, mais profonde, qui servait de fond à l'ensemble. Le cadre était ovale, magnifiquement doré et guilloché[3] dans le goût moresque[4]. Comme œuvre d'art, on ne pouvait rien trouver de plus admirable que la peinture elle-même. Mais il se peut bien que ce ne fût ni l'exécution de l'œuvre, ni l'immortelle beauté de la physionomie qui m'impressionna si soudainement et si fortement. Encore moins devais-je croire que mon imagination, sortant d'un demi-sommeil, eût pris la tête pour celle d'une personne vivante. – Je vis tout d'abord que les détails du dessin, le style de vignette et l'aspect du cadre auraient immédiatement dissipé un pareil charme, et m'auraient préservé de toute illusion même momentanée. Tout en faisant ces réflexions, et très vivement, je restai, à demi étendu, à demi assis, une heure entière peut-être, les yeux rivés à ce portrait. À la longue, ayant découvert le vrai secret de son effet, je me laissai retomber sur le lit. J'avais deviné que le *charme* de la peinture était une expression vitale absolument adéquate à la vie elle-même, qui d'abord m'avait fait tressaillir, et finalement m'avait confondu, subjugué, épouvanté. Avec une terreur profonde et respectueuse, je replaçai le candélabre[5] dans sa position première.

Edgar Allan Poe, « Le Portrait ovale » (1842), in *Nouvelles Histoires extraordinaires*, traduit de l'américain par Charles Baudelaire, 1857.

1. Thomas Sully (1783-1872) est un peintre américain, auteur de très nombreux portraits.
2. de prédilection : qu'il préférait peindre. **3. guilloché :** orné de courbes gravées en creux et entrelacées. **4. goût moresque :** caractéristique de l'art ornemental des Maures d'Espagne.
5. candélabre : chandelier.

a. Que représente le tableau ?
b. Quelle impression provoque-t-il sur le narrateur ? Cite le texte.
c. Comment le narrateur l'explique-t-il ? Est-ce une explication rationnelle ou non ?

Illustrations

Les illustrations de la couverture* et des pages 2, 3, 4-5, 16-17, 18, 74-75, 76, 78-81, 94-95 ont été réalisées par **Elléa Bird**.

*M. de Peyrehorade présente à son invité – le narrateur – la statue romaine qu'il a découverte sous un olivier.

Les dossiers rédigés par Isabelle de Lisle apparaissent pages 78-81, 89, 91-93.
Les dossiers rédigés par Claudine Grossir apparaissent pages 6-15, 76-77, 82-86, 88, 90, 96-103.

Maquette de couverture : Primo&Primo.
Maquette intérieure : Primo&Primo.
Composition et mise en pages : APS-ie.
Édition : J. Massel.
Réalisation sonore : Studio Quali'Sons.

Crédits photographiques

pp. 6, 7, 12-15, 23 : © Shutterstock ; **p. 8** : © PWB Images / Alamy Stock Photo ; **pp. 26, 87 et 96** : Photothèque Hachette Livre ; **p. 35** : © Bridgeman Images ; **p. 44** : © World History Archive / Alamy Stock Photo ; **p. 49** : © Prisma Archivo / Alamy Stock Photo ; **p. 52** : © Bridgeman Images ; **p. 58** : © Masterpics / Alamy Stock Photo ; **p. 88** : photo d'une statue de femme en bronze datant du Ier siècle ap. J.-C. Musée archéologique de Naples © Raffael/Leemage ; **p. 89** : photo, *Deux Hommes contemplant la Lune*, Caspar David Friedrich, v. 1825-30 © Bridgeman Images ; **p. 90** : photo, *Le Désespéré*, Gustave Courbet, 1843-1845 © Heritage Images / Leemage ; **p. 91** : photo, *L'Empire des Lumières*, René Magritte, 1954 © Adagp, Paris, 2023 / Bridgeman Images.

PAPIER À BASE DE
FIBRES CERTIFIÉES

hachette s'engage pour l'environnement en réduisant l'empreinte carbone de ses livres. Celle de cet exemplaire est de :
350 g éq. CO_2
Rendez-vous sur www.hachette-durable.fr

Achevé d'imprimer en avril 2024 en Espagne par Unigraf
Dépôt légal : mars 2023 - Édition 02

Dans la même collection

ANONYMES
- Ali Baba et les quarante voleurs (37)
- Fabliaux du Moyen Âge (20)
- Gilgamesh (83)
- La Bible (15)
- La Farce de Maître Pathelin (17)
- Le Roman de Renart (10)
- Les Mille et Une Nuits (93)
- Tristan et Iseult (11)

ANTHOLOGIES
- L'Autobiographie (38)
- Dire l'amour, de l'Antiquité à nos jours (91)
- Poèmes 6e-5e (40)
- Poèmes 4e-3e (46)
- Textes de l'Antiquité (63)
- Théâtre pour rire 6e-5e (52)

ALAIN-FOURNIER
- Le Grand Meaulnes (77)

ANDERSEN
- La Petite Sirène et autres contes (27)

BALZAC
- Le Colonel Chabert (43)

CARROLL
- Alice au pays des merveilles (74)

CHRÉTIEN DE TROYES
- Lancelot ou le Chevalier de la charrette (62)
- Perceval ou le Conte du Graal (70)
- Yvain ou le Chevalier au lion (41)

CHRISTIE
- Nouvelles policières (21)

CORNEILLE
- Le Cid (2)

COURTELINE
- Comédies (69)

DAUDET
- Lettres de mon moulin (28)

DES MAZERY
- La Vie tranchée (75)

DOYLE
- Le Chien des Baskerville (49)

FLAUBERT
- Un cœur simple (31)

GAUTIER
- La Cafetière et autres contes fantastiques (19)
- Le Capitaine Fracasse (56)

GRIMM
- Contes (44)

HOMÈRE
- Odyssée (8)

HUGO
- Claude Gueux (65)
- Les Misérables (35)
- L'épopée de Gavroche, extraits des *Misérables* (96)

LABICHE
- Le Voyage de Monsieur Perrichon (50)

LA FONTAINE
- Fables (9)

LEBLANC
- Arsène Lupin, Gentleman-cambrioleur, 3 nouvelles intégrales (99)

LEPRINCE DE BEAUMONT
- La Belle et la Bête et autres contes (68)

LÉRY
- Voyage en terre de Brésil (26)

LONDON
- L'Appel de la forêt (84)

MARIVAUX
- L'Île des esclaves (94)

MAUPASSANT
- Boule de Suif (60)
- Le Horla et cinq nouvelles fantastiques (22)
- Nouvelles réalistes (92)
- Toine et autres contes (12)

Dans la même collection (suite et fin)